UM OLHAR SOBRE

O evangelho segundo o espiritismo

ADILTON PUGLIESE

UM OLHAR SOBRE

O evangelho segundo o espiritismo

FEB

1ª edição – 1ª impressão – 1 mil exemplares – 8/2025

ISBN 978-65-5570-756-4

FEDERAÇÃO ESPÍRITA BRASILEIRA – FEB
SGAN 603 – Conjunto F – Avenida L2 Norte
70830-106 – Brasília (DF) – Brasil
www.febeditora.com.br
editorial@febnet.org.br
+55 61 2101 6161

Pedidos de livros à FEB
Comercial
Tel.: (61) 2101 6161 – comercial@febnet.org.br

Adquirindo esta obra, você está colaborando com as ações de assistência e promoção social da FEB e com o Movimento Espírita na divulgação do Evangelho de Jesus à luz do Espiritismo.

Dados Internacionais de Catalogação na Publicação (CIP)
(Federação Espírita Brasileira – Biblioteca de Obras Raras)

P978o Pugliese, Adilton, 1944–

Um olhar sobre O evangelho segundo o espiritismo / Adilton Pugliese – 1. ed. – 1. imp. – Brasília: FEB, 2025.

128 p.; 23 cm.

Inclui referências bibliográficas e índice geral

ISBN 978-65-5570-756-4

1. O Evangelho segundo o Espiritismo – 1864. 2. Codificação Espírita. 3. História do Espiritismo. 4. Doutrina Espírita. 5. Espiritismo e Cristianismo. 6. Obras de Allan Kardec. 7. Biografia de Kardec. 8. Traduções d'O evangelho segundo o espiritismo. 9. Evangelho e Espiritismo. 10. Espiritualidade e ciência. I. Kardec, Allan, 1804-1869. II. Federação Espírita Brasileira. III. Título.

CDD 133.9
CDU 133.7
CDE 90.01.00

Allan Kardec, portando um de seus livros, em foto raríssima. Coleção de Georges Sirot, cf. "Guide de Paris Mystérieux", Editions Princesse, 1976. (Cf. "Reformador", 8/77, pág. 239.)

Foto publicada em *Reformador*. ano 95, n. 1.781, ago. 1977, p. 19(239).

No dia 15/6/1805 foi batizado na Paróquia de Saint-Denis, em Bresse, diocese de Lyon, *Hippolyte Léon Denizard Rivail,* nascido em Lyon, rua Sala, 76, em 3/10/1804, às 19h, filho de Jean-Baptiste-Antoine Rivail, homem da lei, juiz, e de Jeanne-Louise Duhamel.

Desencarnou em Paris, na passagem Saint-Anne, 59, em 31/3/1869, sucumbindo à rotura de um aneurisma. Foi sepultado no Cemitério de Montmartre, e, posteriormente, trasladado para o Père-Lachaise.[1]

---

[1] N.A.: SAUSSE, Henri. *Biografia de Allan Kardec.* Trad. Evandro Noleto Bezerra. 2. ed. 1. imp. Brasília: FEB, 2020.

DEDICATÓRIA

Comove-nos, no ensejo das comemorações, por parte do Movimento Espírita, dos 161 anos de publicação de *O evangelho segundo o espiritismo*, ser a pátria brasileira a nação terrestre que mantém acesa a chama da Doutrina Espírita, projetando a sua luz por todo o mundo, como eterno símbolo do triunfo de Jesus e dos seus fiéis embaixadores, a exemplo de Allan Kardec. Certamente, os seus Espíritos estão acompanhando, das Regiões Luminescentes do Mundo Maior, as justas homenagens em torno da significativa efeméride.

Querido mestre Allan Kardec, embora tenhas aspirado apenas ao modesto título de *propagador do Espiritismo*;[2] nós reverenciamos tua personalidade de *primeiro e legítimo adepto* da nossa amada Doutrina, irmão querido do ideal espírita.

Em tuas honradas e operosas mãos, depositamos as flores mais belas e perfumadas, cultivadas na intimidade do jardim do nosso coração, como oferenda especial de nossa emoção e de nosso profundo reconhecimento.

***

---

[2] N. A.: KARDEC, Allan. *Revista Espírita*: jornal de estudos psicológicos. ano 4, n. 1, jan. 1861, Boletim da Sociedade Parisiense de Estudos Espíritas, *O livro dos médiuns*. Trad. Evandro Noleto Bezerra. 4. ed. 1. imp. Brasília: FEB, 2019. p. 25.

Ao querido irmão Divaldo Franco, carta viva do Evangelho na Terra, exemplo dignificante do verdadeiro espírita, com todo o nosso afeto e gratidão.

> Espírito Verdade, agradeço os teus sábios conselhos. Aceito tudo, sem restrição e sem ideia preconcebida.
>
> Senhor! já que te dignaste lançar os olhos sobre mim para cumprimento dos teus desígnios, faça-se a tua vontade! A minha vida está em tuas mãos; dispõe do teu servo. Reconheço a minha fraqueza diante de tão grande tarefa; a minha boa vontade não desfalecerá, mas talvez as forças me traiam. Supre a minha deficiência; dá-me as forças físicas e morais que me forem necessárias. Ampara-me nos momentos difíceis e, com o teu auxílio e o amparo dos teus celestes mensageiros, tudo farei para corresponder aos teus desígnios.[3]

---

[3] N. A.: KARDEC, Allan. *Obras póstumas.* Trad. Evandro Noleto Bezerra. 2. ed. 8. imp. Brasília, FEB, 2024. pt. segunda, Extratos, *in extenso*, do livro das *Previsões relativas ao espiritismo*. it. Minha missão.

SUMÁRIO

APRESENTAÇÃO

Um olhar sobre *O evangelho segundo o espiritismo*

Nunca a Humanidade teve tanta necessidade de Jesus, quanto na atualidade.

A figura do incomparável Nazareno e sua mensagem constituem a bússola de segura orientação para a barca terrestre, no mar revolto dos dias que transcorrem.

Havendo vivido em um período de belicosidade e violência, Jesus ofereceu a mais notável diretriz de equilíbrio, que se conhece, para a sociedade do seu e de todos os tempos.

Nunca antes, nem depois d'Ele, alguém conseguiu sintetizar todas as necessidades humanas e, ao mesmo tempo, oferecer o combustível de enriquecimento pessoal e coletivo, como se encontra na sua sublime proposta de amor.

Em razão de tratar-se do mais extraordinário contributo, até então não considerado como fundamental, Ele veio ensiná-lo, demonstrando a facilidade para alterar o roteiro seguido pelas criaturas humanas.

Vinculadas aos interesses mesquinhos e hedonistas das suas paixões, acreditavam no poder transitório e nas glórias mentirosas de um dia, como objetivos essenciais da existência, que se consumariam na desintegração tumular, como ainda muitos prosseguem acreditando ou aparentemente crendo.

Revolucionando, porém, o pensamento filosófico e religioso, atado ao egoísmo infeliz, Jesus demonstrou que só a fraternidade, o bem proceder, a compaixão, a humildade, a misericórdia, filhos diletos do amor, são as únicas possibilidades de se conseguir a plenitude.

Não ficou, porém, nas palavras, como sempre acontece com os filósofos e os representantes de alguns credos religiosos, assim como de outra natureza, fez muito mais, Ele deu-se integralmente ao apostolado e à vivência de tudo quanto ensinou.

Abnegação, sacrifício e imolação foram as suas opções, de modo que os seres humanos pudessem ler na sua total entrega a página luminosa de libertação do sofrimento e encontrassem o caminho para o Reino dos Céus, descobrindo-o em seu mundo interior e ampliando-o em direção à sociedade sofrida.

Até hoje, Ele permanece incorruptível na condução das mentes e dos corações, amando-os com a mesma intensidade daqueles dias inolvidáveis.

Prevendo que as criaturas não dispusessem de forças para resistir às influências perversas da própria conduta e às injunções enganosas do trânsito carnal, Ele prometeu que jamais as abandonaria, mesmo após as suas defecções e engodos.

Quando a sua mensagem se encontrava mergulhada na névoa dos equívocos de toda ordem, os embaixadores da imortalidade anunciaram, em seu nome, o seu retorno ao mundo aflito, por meio da mensagem libertadora do Espiritismo.

Centralizando os seus ensinos fulgurantes em páginas de imperecível beleza e profundidade de conteúdo, Allan Kardec, o embaixador da Era Nova, publicou *O evangelho segundo o espiritismo*, restaurando a pulcritude dos seus ensinos em abordagens de alta significação.

Ao celebrar-se o sesquicentenário do seu aparecimento em Paris, todos aqueles, encarnados e desencarnados, que seguimos as pegadas luminíferas do seu amor, lhe exaltamos a grandeza, considerando a nobre tarefa de que se investe, que é conduzir a Humanidade ao seu fanal.

Que o Senhor Jesus abençoe Allan Kardec e os luminares espirituais que escreveram essa obra colossal, a fim de que todos os que nela penetrarem o pensamento e a emoção se enriqueçam de sabedoria e de paz![6]

JOANNA DE ÂNGELIS

Salvador, BA, 16 de abril de 2013.

---

[6] N. A.: Página psicografada pelo médium Divaldo Franco, no Centro Espírita Caminho da Redenção, em Salvador (BA).

PREFÁCIO

Noite inesquecível

Sir Isaac Newton (1642-1727), o grande matemático, físico, astrônomo e filósofo inglês, um dia declarou, em uma carta de 5 de fevereiro de 1676: "Se vi mais longe foi porque estava sobre os ombros de gigantes!".[4]

Um gigante na minha vida foi meu pai, Aimone Pugliese (1920-2002). Em determinado dia do ano de 1975, ele fez-me ouvir, pela primeira vez, através de um gravador, uma palestra espírita.

No discurso, o orador cita, diversas vezes, uma frase: "Conhecereis a verdade e a verdade vos libertará (*João*, 8:32). Perguntei a meu pai: "A que verdade ele se refere?". Ele respondeu: "À verdade que é o Espiritismo". Então indaguei: "Como posso conhecer essa Verdade?".

Ao que ele disse: "Lendo este livro". E colocou em minhas mãos, naquela noite de sábado, o livro-luz: *O evangelho segundo o espiritismo*, de Allan Kardec, dizendo-me: "A frase citada pelo orador é de Jesus. *E este livro contém a VERDADE à qual Jesus se referiu*".

---

[4] N. A.: HAWKING, Stephen. *Os gênios da ciência*. Rio de Janeiro: Campus-Elsevier, 2005.

Naquele momento, eu estava recebendo um tesouro de incalculável valor. Meu pai, durante toda a sua vida foi sapateiro, no bairro do Taboão, localizado próximo ao comércio, em Salvador, Bahia. Nunca teve uma conta corrente em banco; nunca dirigiu, nem teve um imóvel, nenhum patrimônio material. Quando desencarnou, reuni todos os seus netos e distribuí o seu inventário: diversos livros e mensagens espíritas e um pacote com moedas de pequeno valor que ele guardava. Mas, naquela noite de sábado, ele me transmitiria a maior herança que me poderia ter deixado: a Doutrina Espírita, colocando em minhas mãos *O evangelho segundo o espiritismo*, de Allan Kardec, cujo sesquicentenário o Movimento Espírita comemorou em 2014.

***

Anos depois, ao ler *Paulo e Estêvão*, de autoria do Espírito Emmanuel, obra psicografada pelo médium Francisco Cândido Xavier, entendi a emoção do jovem Jeziel (Estêvão) ao receber de Pedro, na Casa do Caminho, no ano 34, em Jerusalém, os pergaminhos contendo os textos de Mateus (Levi) e dizer: "Encontrei o tesouro da vida! Preciso examiná-lo com mais vagar, quero saturar-me da sua luz, pois aqui pressinto a chave dos enigmas humanos!".[5]

---

[5] N. A.: EMMANUEL (Espírito). *Paulo e Estêvão*. Psicografado por Francisco Cândido Xavier. 45. ed. 19. imp. Brasília: FEB, 2021.

Ao meu querido pai, portanto, a minha eterna gratidão, por ter-me apresentado, naquela noite inesquecível, a Allan Kardec e a *O evangelho segundo o espiritismo.*

ADILTON PUGLIESE

SENTENÇAS SELECIONADAS DE *O EVANGELHO SEGUNDO O ESPIRITISMO*[7]

Da Introdução

"Muitos pontos dos Evangelhos, da *Bíblia* e dos autores sacros em geral, só são ininteligíveis, parecendo alguns até irracionais, por falta da chave que nos faculte compreender o verdadeiro sentido. Essa chave está completa no Espiritismo, como já puderam convencer-se os que o estudaram seriamente, e como todos o reconhecerão melhor ainda, mais tarde. [...]"

Capítulo I (op. cit., it. 7) – Não vim destruir a lei

"Assim como o Cristo disse: 'Não vim destruir a Lei, mas cumpri-la', o Espiritismo diz igualmente: 'Não venho destruir a lei cristã, mas dar-lhe cumprimento'."

Capítulo II (op. cit., it. 2) – Meu Reino não é deste mundo

---

[7] N. A.: KARDEC, Allan. *O evangelho segundo o espiritismo*. Trad. Evandro Noleto Bezerra. 2. ed. 1. imp. Brasília: FEB, 2013.

"Por essas palavras, Jesus se refere claramente à *vida futura*, que Ele apresenta, em todas as circunstâncias, como a meta que se destina a Humanidade e como devendo constituir objeto das principais preocupações do homem na Terra. [...]"

Capítulo III (op. cit., it. 7)
– Há muitas moradas na casa de meu Pai

"[...] E, do mesmo modo que saímos do hospital quando estamos curados, e da prisão quando cumprimos a pena, o homem deixa a Terra, por mundos mais felizes, quando está curado de suas enfermidades morais."

Capítulo IV (op. cit., it. 5) – Ninguém pode ver o Reino de Deus se não nascer de novo

"A reencarnação fazia parte dos dogmas dos judeus, sob o nome de *ressurreição* [...]. Designavam pelo termo *ressurreição* o que o Espiritismo, mais judiciosamente, chama *reencarnação*. [...]"

Capítulo V (op. cit., it.1 e 4) – Bem-aventurados os aflitos

"As vicissitudes da vida são de duas espécies, ou se quisermos, têm duas fontes bem diferentes que importa distinguir. Umas têm sua causa na vida presente; outras, fora desta vida."

Capítulo VI (op. cit., it. 3 e 4) – O Cristo Consolador

"Jesus promete outro Consolador: o *Espírito de Verdade* [...]."

"O Espiritismo vem no tempo previsto cumprir a promessa do Cristo: preside ao seu advento o Espírito de Verdade. Ele chama os homens à observância da Lei: ensina todas as coisas fazendo compreender o que o Cristo só disse por parábolas. [...]"

Capítulo VII (op. cit., it. 2) – Bem-aventurados os pobres de espírito

"Dizendo que o Reino dos céus é dos simples, Jesus deu a entender que ninguém admitido nesse Reino, sem a *simplicidade de coração e humildade de espírito* [...]"

Capítulo VIII (op. cit., it. 3) – Bem-aventurados os que têm puro o coração

"A pureza do coração é inseparável da simplicidade e da humildade. Exclui toda ideia de egoísmo e de orgulho. É por isso que Jesus toma a infância como emblema dessa pureza, do mesmo modo que a tomou como o da humildade."

Capítulo IX (op. cit., it. 5) – Bem-aventurados os que são mansos e pacíficos

"[...] Quando a Humanidade se submeter à lei de amor e de caridade, deixará de haver egoísmo; o fraco e o pacífico já não serão explorados nem esmagados pelo forte e pelo violento. Tal será a condição da Terra, quando, de acordo com a lei do progresso e a promessa de Jesus, ela se houver transformado em mundo feliz, em virtude do afastamento dos maus."

Capítulo X (op. cit., it. 4) – Bem-aventurados os que são misericordiosos

"A misericórdia é o complemento da brandura, porque aquele que não for misericordioso não poderá ser brando, nem pacífico. Ela consiste no esquecimento e no perdão das ofensas. O ódio e o rancor denotam alma sem elevação e sem grandeza. [...]"

Capítulo XI (op. cit., it. 4) – Amar o próximo como a si mesmo

"'Amar o próximo como a si mesmo; fazer pelos outros o que gostaríamos que os outros fizessem por nós', é a expressão mais completa da caridade, porque resume todos os deveres do homem para com o próximo. [...]"

Capítulo XII (op. cit., it. 3) – Amai os vossos inimigos

"Se o amor do próximo constitui o princípio da caridade, amar os inimigos é a mais sublime aplicação desse princípio, porque a posse dessa virtude é uma das maiores vitórias alcançadas contra o egoísmo e o orgulho."

Capítulo XIII (op. cit., it. 3) – Não saiba a vossa mão esquerda o que dá a vossa mão direita

"Há grande mérito em fazer o bem sem ostentação; ocultar a mão que dá é ainda mais meritório; constitui sinal incontestável de grande superioridade moral, porque, para encarar as coisas de mais alto do que faz o vulgo, é preciso fazer abstração da vida presente e se identificar com a vida futura [...]."

Capítulo XIV (op. cit., it. 3) – Honrai a vosso pai e a vossa mãe

"Honrar a seu pai e a sua mãe, não consiste apenas em respeitá-los; é também assisti-los na necessidade; é proporcionar-lhes repouso na velhice; é cercá-los de cuidados como eles fizeram conosco, na infância."

Capítulo XV (op. cit., it. 3) – Fora da caridade não há salvação

"Toda a moral de Jesus se resume na caridade e na humildade, isto é, nas duas virtudes contrárias ao egoísmo e ao orgulho. Em todos os seus ensinos, Ele aponta essas duas virtudes como as que conduzem à eterna felicidade [...]."

Capítulo XVI (op. cit., it. 8) – Não se pode servir a Deus e a Mamon

"[...] A fonte do mal reside no egoísmo e no orgulho; os abusos de toda ordem cessarão quando os homens se regerem pela lei da caridade."

Capítulo XVII (op. cit., it. 3) – Sede perfeitos

"O verdadeiro homem de bem é o que cumpre a lei de justiça, de amor e de caridade, na sua maior pureza. [...]

Tem fé em Deus, em sua bondade, na sua justiça e em sua sabedoria. Sabe que nada acontece sem a sua permissão e se submete à sua vontade em todas as coisas."

Capítulo XVIII (op. cit., it. 9) – Muitos os chamados, poucos os escolhidos

"As palavras de Jesus são eternas, porque são a verdade. Constituem não só a salvaguarda da vida celeste, mas também a garantia da paz, da tranquilidade e da estabilidade nas coisas da vida terrestre. [...]"

Capítulo XIX (op. cit., it. 2) – A fé transporta montanhas

"[...] a confiança nas suas próprias forças torna o homem capaz de executar coisas materiais, que não consegue fazer quem duvida de si, mas, aqui, é unicamente no sentido moral que se devem entender essas palavras. As montanhas que a fé transporta são as dificuldades, as resistências, a má vontade, em suma, que encontramos entre os homens, ainda quando se trate das melhores coisas. [...]"

Capítulo XX (op. cit., it. 2) – Os trabalhadores da última hora

"Bons espíritas, meus bem-amados, sois todos trabalhadores da última hora. [...] empregai bem a hora que vos resta e jamais esqueçais nunca que a vossa existência, por longa que vos pareça, não passa de um momento fugaz na imensidade dos tempos que formam para vós a eternidade." – *Constantino*, Espírito protetor.

Capítulo XXI (op. cit., it. 7) – Haverá falsos cristos e falsos profetas

"[...] 'Pelo fruto é que se reconhece a qualidade da árvore; uma árvore boa não pode produzir maus frutos, e uma árvore má não os pode produzir bons'. Julgam-se os Espíritos pela qualidade de suas obras, como se julga uma árvore pela qualidade dos seus frutos."

Capítulo XXII (op. cit., it. 3) – Não separeis o que Deus uniu

"Mas, na união dos sexos, ao lado da Lei divina material, comum a todos os seres vivos, há outra Lei divina, imutável como todas as Leis de Deus, exclusivamente moral: a lei de amor. [...]"

Capítulo XXIII (op. cit., it. 16) – Estranha moral

"Quando Jesus diz: 'Não creiais que Eu tenha vindo trazer a paz, mas, sim, a divisão', seu pensamento era este:

'Não creiais que a minha doutrina se estabeleça pacificamente; ela trará lutas sangrentas, tendo por pretexto o meu nome, porque os homens não me terão compreendido, ou não terão querido compreender-me.' [...]"

Capítulo XXIV (op. cit., it. 7) – Não ponhais a candeia debaixo do alqueire

"Hoje o Espiritismo projeta luz sobre uma porção de pontos obscuros. [...] Se, pois, os Espíritos ainda não dizem tudo ostensivamente, não é porque haja na Doutrina mistérios reservados a alguns privilegiados, nem porque eles coloquem a candeia debaixo do alqueire; mas porque cada coisa tem de vir no momento oportuno. [...]"

Capítulo XXV (op. cit., it. 5) – Buscai e achareis

"Do ponto de vista moral, essas palavras de Jesus significam: Pedi a luz que deve iluminar o vosso caminho e ela vos será dada; pedi forças para resistirdes ao mal e as tereis; pedi a assistência dos Espíritos bons e eles virão acompanhar-vos e vos servirão de guia, tal como o anjo de Tobias [...]."

Capítulo XXVI (op. cit., it. 7) – Dai de graça o que de graça recebestes

"Os médiuns modernos – pois os apóstolos também tinham mediunidade – igualmente receberam de Deus um dom gratuito: o de serem intérpretes dos Espíritos, para instrução dos homens, para lhes mostrar o caminho do bem e conduzi-los à fé, e não para lhes vender palavras que não lhes pertencem, visto que não são fruto de *suas concepções, nem de suas pesquisas, nem de seus trabalhos pessoais.* [...]"

Capítulo XXVII (op. cit., it. 4) – Pedi e obtereis

"Jesus definiu claramente as qualidades da prece. Quando orardes, diz Ele, não vos ponhais em evidência, mas orai em segredo. Não afeteis orar muito, pois não é pela multiplicidade das palavras que sereis escutados, mas pela sinceridade delas. [...]"

Capítulo XXVIII (op. cit., it. 1) – Coletânea de preces espíritas

"Os Espíritos jamais prescreveram qualquer fórmula absoluta de preces. Quando dão alguma, é apenas para fixar as ideias e, sobretudo, para chamar a atenção sobre certos princípios da Doutrina Espírita. Fazem-no também com o fim de auxiliar os que sentem embaraço para externar suas ideias, pois algumas pessoas não acreditariam ter orado realmente, desde que não formulassem seus pensamentos."

1

O SEGREDO DE ALLAN KARDEC, EM 1863

Allan Kardec

Allan Kardec iniciaria a fase que podemos chamar de desdobramento da Codificação a partir de 19 de abril de 1857, o dia seguinte ao do lançamento de *O livro dos espíritos.*

Concluindo, assim, o trabalho que lhe competia junto aos Espíritos, ainda lhe resta muito a fazer, e o tempo urge. Incumbe-lhe agora inserir a nova doutrina no contexto do pensamento de seu tempo [...]. Terminou o recital a quatro mãos e começa o trabalho do solista [...]. Atira-se, pois,

> ao trabalho. A luz do seu gabinete arde até altas horas da noite. [...][8]

Comenta, ainda, o escritor Hermínio Miranda que, após o lançamento de *O livro dos médiuns*, em 15 de janeiro de 1861, tinha como objetivo possibilitar o conhecimento metodizado da faculdade mediúnica, estabelecendo, assim, as bases experimentais da Doutrina, era,

> Em seguida, [...] preciso dotar o Espiritismo de uma estrutura ética. Não é necessário criar uma nova moral; já existe a do Cristo. O trabalho é enorme e exige tudo de seu notável poder ordenador. É que o ensinamento de Jesus, com a passagem dos séculos e ao sopro de muitas paixões humanas, ficara soterrado em profunda camada de impurezas. Kardec decidiu reduzir ao mínimo os atritos e controvérsias, buscando nos Evangelhos apenas o ensinamento moral, sem se deter, portanto, na análise dos milagres, nem dos episódios da vida pública do Cristo, ou dos aspectos que foram utilizados para a elaboração dos dogmas. Dentro dessa ideia diretora, montou com muito zelo e amor *O evangelho segundo o Espiritismo*. [...][8]

---

[8] N. A.: MIRANDA, Hermínio C., *Nas fronteiras do além*. 5. ed. impr. peq. tiragens. Brasília: FEB, 2023. cap. "A obra de Kardec e Kardec diante da obra".

Em 1857, portanto, Kardec já havia dotado a nova Doutrina de sua estrutura filosófica, com *O livro dos espíritos* e, em 1861, lançara as bases de sua estrutura experimental, as condições para a prática da mediunidade, com *O livro dos médiuns*. Então, durante uma parte do ano de 1863, Allan Kardec *guardou um segredo*: ele estava escrevendo uma *nova obra* e a ninguém dera ciência do assunto; até o Sr. Didier, o seu editor, somente tomou conhecimento da existência da obra quando do envio para impressão. *Em 9 de agosto* daquele ano, em reunião íntima na localidade de Ségur, Kardec resolve ouvir os Espíritos, através do médium Sr. d'A..., acerca do seu *segredo*, sobre o que eles pensavam a respeito, e obtém como resposta, para surpresa do Codificador:

> Esse livro de doutrina *terá considerável influência, pois que explanas questões capitais,* e não só o mundo religioso encontrará nele as máximas que lhe são necessárias, como também a vida prática das nações haurirá dele instruções excelentes. Fizeste bem enfrentando as questões de *alta moral prática, do ponto de vista dos interesses gerais, dos interesses sociais e dos interesses religiosos.*[9] (Grifos nossos.)

[9] N. A.: KARDEC, Allan. *Obras póstumas.* Trad. Guillon Ribeiro. 41. ed. 1. imp. Brasília: FEB, 2013. pt. segunda, Extratos, *in extenso*, do livro das *Previsões concernentes ao espiritismo*. it. Imitação do evangelho. Ségur, 9 de agosto de 1863 (Médium: Sr. d'A...).

Os Espíritos preveem que com aquele livro Kardec teria grandes dificuldades e que seria violentamente atacado pelo clero da época (que se sentirá muito mais ferido do que com a publicação de *O livro dos espíritos*), mas declaram que confiam nele, na sua resistência, e dizem: "Ao te escolherem, os Espíritos conheciam a solidez das tuas convicções e sabiam que a tua fé, *qual muro de aço*, resistiria a todos os ataques".[10] A esse novo livro, Allan Kardec dera, preliminarmente, o título de *Imitação do evangelho segundo o espiritismo*. Porém, mudou-o para *O evangelho segundo o espiritismo*, "por efeito das reiteradas observações do mesmo Sr. Didier e de algumas outras pessoas",[11] publicado como a terceira obra da Codificação Espírita, em abril de 1864.

Posteriormente, Allan Kardec receberia, diretamente de Paris, comunicação datada de 14 de setembro de 1863, na qual a entidade comunicante (não há identificação do médium que atuou), dirige-se a ele chamando-o de "caro companheiro de antanho, discípulo fiel da verdade", fala-lhe da ação que os Espíritos, sobretudo o *Espírito de Verdade*, exercem em torno dele, Kardec, e tece comentários acerca do plano da obra que o Codificador estava escrevendo, plano,

---

[10] N. A.: KARDEC, Allan. *Obras póstumas*. Trad. Guillon Ribeiro. 41. ed. 1. imp. Brasília: FEB, 2013. pt. segunda, Extratos *in extenso*, do livro das *Previsões concernentes ao espiritismo*. it. Imitação do evangelho. Ségur, 9 de agosto de 1863 (Médium: Sr. d'A...).

[11] N. A.: Id. Ibid.

inclusive, que ele havia modificado sob a ação oculta daquela entidade que se comunicava em Paris. E destaca:

> [...] Uma obra como a que elaboramos de comum acordo necessita de recolhimento e de insulamento sagrado. Tenho vivo interesse pelo teu trabalho, que é um passo considerável para a frente e abre, afinal, ao Espiritismo a estrada larga das aplicações proveitosas, a bem da sociedade. [...][12]

Página inédita de Allan Kardec

Identificamos às páginas 432 a 435, Segunda Parte/ Apêndice, da 39ª edição, de setembro de 2006, do livro *Obras póstumas*, de Allan Kardec, publicado pela Federação Espírita Brasileira (FEB), com tradução de Guillon Ribeiro da edição francesa de 1890, informação acerca de "pesquisas em velhos documentos que pertenceram à Sociedade Espírita [Sociedade Parisiense de Estudos Espíritas – Spee] fundada [em 1º de abril de 1858] por Allan Kardec", quando então foi localizada página inédita, escrita pelas mãos do mestre, a qual reproduzimos abaixo:

12 N. A.: KARDEC, Allan. *Obras póstumas*. Trad. Guillon Ribeiro. 41. ed. 1. imp. Brasília: FEB, 2013. pt. segunda, Extratos *in extenso*, do livro das *Previsões concernentes ao espiritismo*. it. Imitação do evangelho.

Imitação do Evangelho

Fenômeno de clarividência

Paris, 20 de outubro de 1863

A Senhorita V..., natural de Lyon, é dotada de uma notável segunda vista, conseguindo não só ver os Espíritos no estado normal, sem que esteja sonambulizada, como também observar, com grande precisão, os fatos que se desenrolam a distância.

Uma vez em Paris, aonde veio passar alguns dias, deliberou visitar-me, na rua Sainte-Anne, tendo encontrado minha esposa, vez que – desde meu retorno de Sainte-Adresse – me havia eu retirado para Ségur,[13] a fim de, com mais tranquilidade, trabalhar em minha obra sobre o Evangelho. Nosso encontro foi impossível, em vista de ter a senhorita empreendido viagem de regresso ainda naquela tarde. Mas, durante a conversa com minha esposa diz-lhe esta:

---

[13] N. A.: Ségur ou Avenue et Villa Ségur, número 39, atrás dos *Invalides*. Casa de propriedade de Kardec, pelo menos desde 1860, para a qual se mudaria definitivamente em 31 de março de 1869, tendo ele, contudo, desencarnado nesse dia, entre 11h e 12h da manhã, na sua então residência à Passage Sainte-Anne, 59, Paris. A residência em Ségur era usada pelo casal Rivail para recepcionar visitas e para realizar trabalhos que exigiam recolhimento. Amélie-Gabrielle Boudet ficou nela até a sua desencarnação, em 1883. Vide: CHIBENI, Sílvio Seni, "Sinopse dos principais fatos referentes às origens do Espiritismo – II". *In*: *Reformador*, ano. 117, n. 2.040, mar. 1999, 32(92).

– Uma vez que não podereis avistar-vos com meu marido, o que ele muito lamentará, não poderíeis transportar-vos em Espírito até onde se encontra, e vê-lo?

Por um instante, recolheu-se a senhorita, e disse:

– Sim, vejo-o; acha-se num aposento muito iluminado, no pavimento térreo; há ali três janelas... Oh!... e como tudo é alegre! A casa é circundada por jardins... por toda parte árvores e flores... Tudo respira a calma e tranquilidade... Ele está sentado, próximo a uma janela, trabalhando... Está cercado por uma multidão de Espíritos que lhe conservam a boa saúde... alguns há que parecem muito elevados, e o inspiram; um deles especialmente parece ser superior a todos os demais, sendo-lhes objeto de deferências.

Amélie-Gabrielle Boudet

Pergunta: – Acaso percebeis a natureza do trabalho de que meu marido se ocupa?

Resposta: – Um momento... **Vejo um Espírito que segura um livro de grandes proporções... abre-o e mostra-me o que se acha escrito... leio-o: *Evangelho*.** (Destaques nossos.)

Observação (De Allan Kardec ao documento inédito, acima transcrito):

– Com efeito, trabalhava eu em meu livro sobre os Evangelhos, **e cujo título constitui-se ainda em segredo para todos**. A senhorita V... não poderia conhecê-lo. Quanto à minha esposa,

> ignorava ela se, naquele momento, me ocupava disso ou de outro qualquer assunto. Nada, consequentemente, podia influenciar o pensamento da clarividente. A descrição dos recantos é, além do mais, precisa, sendo de ressaltar que ela jamais viu esses lugares. A peça onde me instalara está provida de exatamente três janelas, o que não é comum, e, de todos os lados, confina com os jardins. Minha esposa ignorava estivesse eu nesse cômodo, que é o salão. Poderia, com muito maior probabilidade, supor-me no escritório. Todas as circunstâncias comungam na prova de que, em realidade, a senhorita V... a tudo presenciava, não sendo joguete da própria imaginação. **Tal fato constitui-se, para mim, numa prova do interesse que os Espíritos tinham por esse trabalho**, bem como da assistência que a mim dispensam e a minhas atividades.[14] (Destaques nossos.)

Henri Sausse (1851-1928), biógrafo de Allan Kardec, e "um dos mais ardorosos propagadores da Doutrina Espírita em seu país natal", a França, destaca em sua *Biografia de Allan Kardec,* que:

> Desde os primeiros anos do Espiritismo, Allan Kardec havia comprado, com o produto das suas obras pedagógicas, 2.666 metros quadrados de

[14] N. A.: KARDEC, Allan. *Obras póstumas.* Trad. Guillon Ribeiro. 41. ed. 1. imp. Brasília: FEB, 2013. Apêndice.

> terreno na avenida Ségur, atrás dos Inválidos. Tendo essa compra esgotado os seus recursos, ele contraiu com o Crédito Imobiliário um empréstimo de 50.000 francos para fazer construir nesse terreno seis pequenas casas, com jardim; alimentava a doce esperança de recolher-se a uma delas, na Vila Ségur, vila que seria transformada em asilo depois de sua morte, de modo a recolher na velhice os defensores indigentes do Espiritismo.[15]

A 39ª edição de *Obras póstumas*, da FEB, apresenta, ainda, reprodução fotomecânica das páginas 661 e 662 da *Revue Spirite de 1904*, contendo, na íntegra, o texto original francês de *Un fait de seconde vue (Page inédite d'Allan Kardec).*

***

O professor Canuto Abreu (1892-1980), em sua obra *O evangelho por fora*, declara que *O evangelho segundo o espiritismo*, publicado em abril de 1864 [Sob o título de *Imitation de l'évangile selon le spiritisme*], marcou o "início do período religioso" do Espiritismo. O Codificador informa, na *Revue Spirite*, daquele mês: *"C'est ainsi que le Monde, aprés avoir atteint um certain degré d'élévation dans le progrés intellectuel, va entrer dans la période du progrés moral dont le Spiritisme lui ouvre la route".*[16]

---

[15] N. A.: SAUSSE, Henri. *Biografia de Allan Kardec*. Trad. Evandro Noleto Bezerra. 2. ed. 1. imp. Brasília: FEB, 2020.

[16] N. A.: ABREU, Canuto. *O evangelho por fora*. São Paulo: LFU, 1996.

2

EDIÇÕES DE *O EVANGELHO SEGUNDO O ESPIRITISMO*

> "[...] Com esta obra, o edifício começa a libertar-se dos andaimes e já se começa a entrever sua cúpula a desenhar-se no horizonte. [...]"[17]

I – Primeira edição francesa, em 1864

Foi publicada em abril de 1864, sob o título *Imitation de l'évangile selon le spiritisme* (*Imitação do evangelho segundo o espiritismo*), contendo a explicação das máximas morais do Cristo, sua concordância com o Espiritismo e sua aplicação às diversas posições da vida, por Allan Kardec.

Os editores foram os mesmos de *O livro dos espíritos*: Ledoyen, Dentu, Fréd, Henri, livreiros, com lançamento no Palais-Royal e no escritório da *Revue Spirite* (publicada por Allan Kardec a partir de 1º de janeiro de 1858), localizado na Rue e Passage Sainte-Anne, 59, Paris.

[17] N. A.: KARDEC, Allan. *Obras póstumas*. Trad. Evandro Noleto Bezerra. 2. ed. 1. imp. Brasília: FEB, 2013. pt. segunda, Extratos, *in extenso*, do livro das *Previsões relativas ao espiritismo*. Paris, 14 de setembro de 1863.

Palais-Royal – Galeria Valois

Impressa na *Imprimerie* de P.-A. Bourdier et Cie., Rue Mazarine, 30, *Imitation de l'évangile selon le spiritisme* é precursora de *O evangelho segundo o espiritismo*, sendo de grande valor histórico.[18]

Na *Revue Spirite*: journal d'études psychologiques (*Revista Espírita*: jornal de estudos psicológicos) de abril de 1864, o Codificador faz referência ao lançamento de *Imitation de l'évangile selon le spiritisme*, na seção dedicada à bibliografia, informando que o novo livro se encontrava à venda, destacando outras informações: "Um volume grande in-12º. Livraria dos Srs. Didier & Cia, 35, quai des Grands-Augustins; Ledoyen, *no Palais-Royal, no escritório da Revista Espírita*. Preço: 3 fr. 50c."[19] Nesse texto de apresentação, Allan Kardec destaca:

---

[18] N. A.: CHIBENI, Sílvio Seno. Sinopse dos principais fatos referentes à origem do espiritismo – I. *Reformador*, Rio de Janeiro, ano 117, n. 2.039, p. 24(52)-25(53), 33(61)-35(63), fev. 1999.

[19] N. A.: KARDEC, Allan. *Revista Espírita*: jornal de estudos psicológicos. ano 7, n. 4, p. 89, abr. 1864. Trad. Evandro Noleto Bezerra. 3. ed. 1. reimp. Rio de Janeiro: FEB, 2015.

> Esta obra é para uso de todos. Dela podem todos haurir os meios de conformar com a moral do Cristo o respectivo proceder. Aos espíritas oferece aplicações que lhes concernem de modo especial. Graças às relações estabelecidas, doravante e permanentemente, entre os homens e o Mundo Invisível, a lei evangélica, que os próprios Espíritos ensinaram a todas as nações, já não será letra morta, porque cada um a compreenderá e se verá incessantemente compelido a pô-la em prática, a conselho de seus guias espirituais. As instruções que promanam dos Espíritos são verdadeiramente *as vozes do Céu* que vêm esclarecer os homens e convidá-los *à imitação do Evangelho.*[20] (Grifos do original.)

Em 1979, o Departamento Editorial da FEB publicou cinco mil exemplares da 1ª edição brasileira do original francês de *Imitation de l'évangile selon le spiritisme*, com prefácio do então presidente Francisco Thiesen, introdução de Hermínio Miranda e encarte do original francês, editado em 1869, do discurso do astrônomo Camille Flammarion, pronunciado no

---

[20] N. A.: KARDEC, Allan. *Revista Espírita*: jornal de estudos psicológicos. ano 7, n. 4, p. 89. 1864. Trad. Evandro Noleto Bezerra. 3. ed. 1 reimp. Rio de Janeiro: FEB, 2015.

sepultamento de Allan Kardec, no Cemitério de Montmartre, em 2 de abril de 1869.[21]

Em suas "Anotações à edição brasileira", Hermínio Miranda destaca que a publicação de *Imitation de l'évangile selon le spiritisme*, em 1864, *cuja estrutura inicial ocupava 25 capítulos distribuídos por 442 páginas*, "representou vigorosa tomada de posição". Com o lançamento dos princípios do "arcabouço filosófico da Doutrina" (através de *O livro dos espíritos*), "e indicados os seus suportes científicos ou experimentais" (com *O livro dos médiuns*), restava, declara Hermínio, "explorar as inevitáveis consequências religiosas e inferir as implicações éticas". Assim, sete anos após a publicação de *O livro dos espíritos*, estava pronta a nova obra. Nela Kardec situou a Doutrina no contexto do Evangelho e propôs a adoção da moral cristã.[22]

O autor de *Anotações...*, depois de análise meticulosa da primeira edição de *Imitation de l'évangile selon le spiritisme*, de 1864, concluiu inexistir profundas diferenças entre essa edição e a obra definitiva, após a revisão feita pelo próprio Allan Kardec, enfatizando que as modificações mínimas identificadas por ele, Hermínio, "são de estrutura e não de substância".

---

[21] N. A.: CHIBENI, Sílvio Seno. Sinopse dos principais fatos referentes à origem do espiritismo – I. *Reformador*, Rio de Janeiro, ano 117, n. 2.039, p. 33(61)-35(63), fev. 1999.

[22] N. A.: MIRANDA, Hermínio C. "Anotações à edição brasileira". *Imitation de l'évangile selon le spiritisme*. Rio de Janeiro: FEB, 1979.

II – A segunda edição francesa, em 1865

Foi publicada em 1865, sendo uma tiragem da chamada edição *princeps*, e divulgada com o novo título: *O evangelho segundo o espiritismo,* tal como consta da coluna 322 do tomo II do *Catalogue Général des livres imprimes de La Bibliothèque Nationale (Auteurs), Paris*, edição essa catalogada na referida Biblioteca como R 39901.[23]

Na *Revista Espírita* (*Revue Spirite)* de 1865, meses antes do lançamento da terceira edição (que ocorreria em 1866), já havia referência, em artigos, a *O evangelho segundo o espiritismo*, certamente da segunda edição, consoante comenta Sílvio Seno Chibene em seu artigo-pesquisa "Sinopse dos

[23] N. A.: CHIBENI, Sílvio Seno. Sinopse dos principais fatos referentes à origem do espiritismo – II. *Reformador*, Rio de Janeiro, ano 117, n. 2.040, p. 32(92)-35(95), mar. 1999.

principais fatos referentes às origens do Espiritismo – II", publicado em *Reformador* de março de 1999.

III – A terceira edição francesa, em 1866

Na *Revista Espírita* de novembro de 1865, Allan Kardec inclui em "Notas Bibliográficas" noticiário que a terceira edição de *O evangelho segundo o espiritismo* encontrava-se "no prelo, para aparecer em alguns dias", declarando: "Esta edição foi objeto de um remanejamento completo da obra. Além de algumas adições, as principais alterações consistem numa classificação mais metódica, mais clara e mais cômoda das matérias, o que torna sua leitura e as buscas mais fáceis".[24]

É a edição que se tornou definitiva, "revista, corrigida e modificada" pelo autor, Allan Kardec, no ano de 1866, servindo de base para as edições posteriores em francês e nos vários idiomas em que foi traduzida, a partir daí não mais recebendo alteração alguma. Em face de sua raridade e de seu valor histórico, a FEB lançou, em 1979, uma reprodução fotográfica dessa edição, com tiragem de sete mil exemplares. No prefácio, o ex-presidente da FEB, Francisco Thiesen (1927-1990), informa acerca do lançamento, pela Editora

[24] N. A.: KARDEC, Allan. *Revista Espírita*: jornal de estudos psicológicos. ano. 8, p. 451-452, nov. 1865. Trad. Evandro Noleto Bezerra. 4. ed. 1. imp. Brasília: FEB, 2015.

da FEB, de uma edição espanhola de Barcelona, *El evangelio según el espiritismo*.[25]

O texto da edição francesa foi utilizado pela FEB para a sua tradução brasileira, entre 1936/1937, a partir de um exemplar que desde 1897 pertencia a Aristides Spínola (1850-1925),[26] ex-presidente da FEB, por parte do emérito jornalista, diretor da FEB durante 26 anos consecutivos, Dr. Guillon Ribeiro, engenheiro civil e poliglota, tradutor de outras obras de Allan Kardec.[27]

Guillon Ribeiro

[25] N. A.: THIESEN, Francisco. Na apresentação da impressão da terceira edição francesa, pela FEB, em 1979, de *L'évangile selon le spiritisme*.

[26] N. A.: Vide página logo após a apresentação de Francisco Thiesen, na terceira edição francesa, publicada pela FEB, em 1979, de *L'évangile selon le spiritisme*.

[27] N. A.: Sobre Aristides Spínola e Guillon Ribeiro vide o livro *Grandes espíritas do Brasil*, de autoria de Zêus Wantuil, editora FEB.

Em 1979, a FEB publicou sete mil exemplares da reprodução fotográfica do original francês de *L'évangile selon le spiritisme.* Na apresentação, datada de 15 de fevereiro de 1979, o então presidente da FEB, Francisco Thiesen, destaca:

> Esperamos que esta repetição da 3ª edição francesa seja recebida no mundo como penhor do profundo respeito e da imensa admiração da Federação Espírita Brasileira e dos espíritas do Brasil pela Obra Kardequiana, que todos desejamos preservar acima de quaisquer controvérsias quanto à integralidade do seu texto e a fidelidade do tradutor Guillon Ribeiro ao pensamento do eminente Allan Kardec![28]

Nas páginas iniciais dessa reprodução pode ser observada a assinatura de Aristides Spínola e, logo abaixo, com a sua letra, o ano de 1897.

---

[28] N. A.: KARDEC, Allan. *L'évangile selon le spiritisme. Troisième édition. Revue, corrigée et modifiée.* 1. ed. brasileira do original francês de 1866, publicada pela FEB, em 1979.

Na noite de 10 de maio de 1979, na sede da FEB, no Rio de Janeiro, RJ, o médium José Salomão Mizrahy psicografou página do Espírito P.-G. Leymarie (Pierre-Gaëtan Leymarie – 1827-1901), "um dos mais destacados continuadores da obra de Allan Kardec, sendo um dos seus mais assíduos assessores, tendo organizado, em 1889, o I Congresso Espírita de França".[29] Em sua mensagem, Leymarie saúda a FEB "pela reedição de *O evangelho segundo o espiritismo* na língua francesa, de multissecular tradição", assinando o texto "pelos franceses desencarnados que trabalham pela espiritualização da França e da Europa".[30]

Identificamos, igualmente, uma edição, de 1958 (segunda edição), em francês, por parte da *L'Union Spirite Kardeciste*

---

[29] N. A.: LUCENA, Antônio de Souza. GODOY, Paulo Alves. *Personagens do espiritismo*. São Paulo: Feesp, 1982. p. 175.

[30] N. A.: *L'évangile... Reformador.* ano. 97, n. 1.803, p. 34(214), jun. 1979.

Belge, com as seguintes informações na última página: "Groupe fondé par J. B. Quinaux. Association sans butlucratif, 34, Rue Le Campinaire à FARCIENNES. Imprimé em Belgique".

IV – A primeira tradução e edição brasileira de *O evangelho segundo o espiritismo*

Em 1876, no Rio de Janeiro, RJ, *O evangelho segundo o espiritismo* foi traduzido pelo Dr. Joaquim Carlos Travassos (1839-1916). O editor foi B. L. Garnier.

Joaquim Carlos Travassos

Posteriormente, em 1936/1937, foi traduzida ao português pelo Dr. Luís Olímpio Guillon Ribeiro (1875-1943), e publicada pela FEB, no Rio de Janeiro, RJ, diretamente da terceira edição francesa já revista, corrigida e modificada por Allan Kardec, em 1866.

Nos anos 1943 e 1944, foi traduzida ao esperanto por Ismael Gomes Braga (1891-1969), cujas atividades ligadas à propagação do idioma de Ludwik Lejzer Zamenhof (1859-1917), transformaram-no numa referência internacional, tendo colaborado em diversos jornais e revistas como *Brazila Esperantisto* e *Reformador*.

Em 2001, a editora da FEB, com uma edição de 40 mil cópias, comemorou a 118ª edição dessa obra com a marca de três milhões de exemplares vendidos, além das edições de bolso, sendo, portanto, o *best-seller* da Codificação Espírita e o livro mais lido nos lares e instituições espíritas.

Até 2013, a Edicei já havia traduzido e lançado *O evangelho segundo o espiritismo* para os idiomas: alemão, búlgaro, espanhol, finlandês, húngaro, francês e inglês.

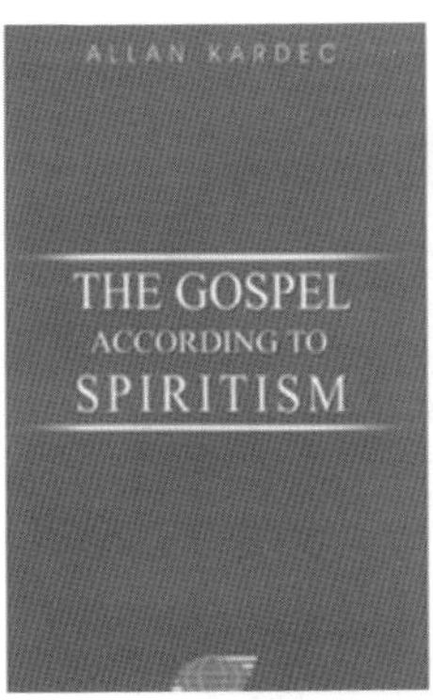

Em 2012, foi lançada a 131ª edição, em português, com tradução de Guillon Ribeiro, atingindo o montante de 4.139.300 exemplares publicados pela FEB.

Em 2008, foi lançada a 1ª edição da FEB com tradução de Evandro Noleto Bezerra, a qual, em 2012, atingiu tiragem de 60 mil exemplares, contendo Índice Geral.

Evandro Noleto Bezerra

Em 2012, foi publicada a 25ª edição de bolso por parte da FEB, da tradução de Guillon Ribeiro, também contemplando um Índice Geral.

Em fevereiro de 2013, a revista *Reformador*, da FEB, informava a publicação de edição especial e histórica de *O evangelho segundo o espiritismo*, "exuberante tradução de Guillon Ribeiro, que agora é apresentada em formato grande, medindo 16 cm x 23 cm, em projeto gráfico de admirável beleza", com 416 páginas e tiragem de 200 mil exemplares, mediante termo de cooperação editorial com as federativas estaduais, "o que valoriza o terceiro volume do Pentateuco Kardequiano e facilita, sobremaneira, a legibilidade textual", informa o texto de autoria de Geraldo Campetti Sobrinho, enfatizando, ainda, que "A leitura de *O evangelho segundo o espiritismo* é ensejo bendito ao encontro da paz íntima, de intercâmbio com o bem e de disposição para a prática da caridade".[31]

---

[31] N.A.: CAMPETTI SOBRINHO, Geraldo. "Edição histórica de *O evangelho segundo o espiritismo*". *Reformador*. ano 131, n. 2.207, p. 22(60), fev. 2013.

3

INCLUSÃO NO *INDEX LIBRORUM PROHIBITORUM*

O evangelho segundo o espiritismo contém a explicação das máximas morais do Cristo, sua concordância com o Espiritismo e sua aplicação às diversas posições da vida.

(Allan Kardec, op. cit., folha de rosto.)

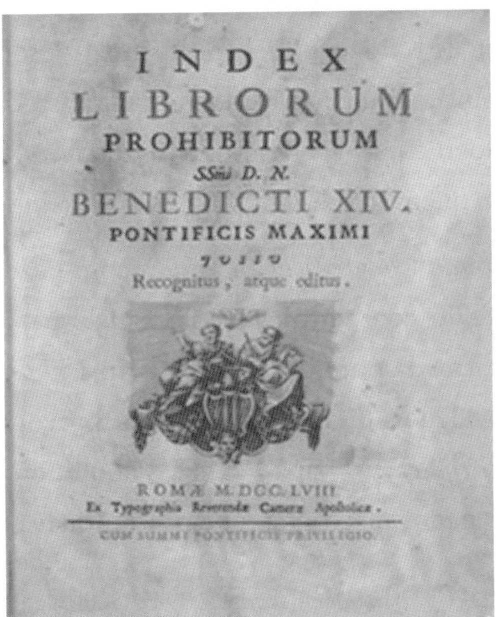

INDEX
LIBRORUM
PROHIBITORUM
SSmi D. N.
BENEDICTI XIV.
PONTIFICIS MAXIMI
JUSSU
Recognitus, atque editus.

ROMÆ M.DCC.LVIII
Ex Typographia Reverendæ Cameræ Apostolicæ.
CUM SUMMI PONTIFICIS PRIVILEGIO.

Reformador, de abril de 1994, transcreveu artigo do confrade Indalício Mendes, publicado na mesma revista, em abril de

1964, em comemoração ao centenário de publicação de *O evangelho segundo o espiritismo*. Em seu texto, o autor declara que Kardec fora advertido pelo Alto de que o clero gritaria ainda mais do que havia feito quando do lançamento dos livros anteriores (*O livro dos espíritos*, *O que é o espiritismo* e *O livro dos médiuns)* porque *O evangelho segundo o espiritismo* facultaria ao Codificador "apresentar o Espiritismo qual ele é, mostrando a todos onde se encontra a verdadeira Doutrina ensinada pelo Cristo" permitindo-lhe "proclamar que o Espiritismo é a única tradição verdadeiramente cristã e a única instituição verdadeiramente divina e humana".[32]

A reação foi que a *Sagrada Congregação do Index* (da Igreja Católica), em 1º de maio de 1864, "incluía no seu catálogo *todas as obras* de Kardec sobre Espiritismo! Causou estranheza no meio espírita o não ter sido tomada essa decisão mais cedo, mas logo compreendem que fora *O evangelho segundo o espiritismo* quem deslocara, afinal, o fiel da indecisão".[33]

A *Sagrada Congregação do Index*, com raízes no ano de 1559 (Concílio de Trento), foi criada pelo papa Pio V, em 1571, e reformada por Gregório XIII em 1572. O Concílio Vaticano II, depois de muitos debates, aprovou em 1966 a extinção do *Index*, e o papa Paulo VI aboliu o catálogo dos livros condenados pelo órgão que os examinava e julgava.[34]

---

[32] N. A.: KARDEC, Allan. *Obras póstumas*. Trad. Guillon Ribeiro. 41. ed. 1. imp. Brasília: FEB, 2013.

[33] N. A.: MENDES, Indalício. "A dádiva suprema do Cristo". *Reformador*, ano 82, n. 4, p. 5(75)-7(77), abr. 1964. (Artigo reeditado em 1994.)

[34] N. A.: SOUZA, Juvanir Borges de. *Tempo de renovação*. Rio de Janeiro: FEB, 1989.

Conforme assinala Pedro Franco Barbosa: "Nada impediu, porém, que *O evangelho segundo o espiritismo* fosse lido e seja lido em profusão, no Brasil e no mundo, pois encontrou, de imediato, funda ressonância nos cérebros e corações de milhares de necessitados de todas as classes sociais, posto que lhes respondia, de maneira racional e convincente, às dúvidas, aflições e angústias"[35] (conforme texto do ofício da FEB em que pleiteia o lançamento do selo comemorativo do primeiro centenário de *O evangelho segundo o espiritismo*, citado em *Reformador* de abril de 1964), declarando, ainda, que:

> A genuína essência da Doutrina [Espírita] está contida nesse livro, o Evangelho de Jesus verdadeiramente explicado em espírito e verdade, cujo ensino moral é o único que nos pode conduzir à reforma íntima, à realização integral da finalidade da Criação, pelo respeito e obediência às leis divinas, às leis morais, inscritas na própria consciência do homem.[35]

[35] N. A.: BARBOSA, Pedro Franco. *Espiritismo básico*. 3. ed. Rio de Janeiro: FEB, 1987. p. 120.

4

CRONOGRAMA HISTÓRICO

Ano	Ocorrências	Fonte
1863	9 de agosto, em Ségur: médium Sr. d'A... Contato de Allan Kardec com os Espíritos para apresentação dos manuscritos de *Imitation de l'évangile selon le spiritisme.*	*Obras póstumas* 1ª edição, FEB, tradução de Evandro Noleto Bezerra.
1864	Abril. Publicação, em Paris, da primeira edição de *Imitation de l'évangile selon le spiritisme.*	*Revista Espírita* (*Revue Spirite)* de abril de 1864, 1ª edição, FEB, tradução de Evandro Noleto Bezerra.
1865	Segunda edição de *Imitation de L'évangile selon le spiritisme.*	*Reformador* de março de 1999, p. 33.
1865	Nota bibliográfica de Allan Kardec, informando que a 3ª edição de *Imitation de l'évangile selon le spiritisme* (mas destacando no texto da nota o novo título *O evangelho segundo espiritismo*) estava "no prelo, para aparecer em alguns dias".	*Revista Espírita* de novembro de 1865, 1ª edição, FEB, tradução de Evandro Noleto Bezerra.
1866	Publicação em Paris da 3ª edição. de *Imitation de l'évangile selon le spiritisme*, agora com o seu título definitivo: *L'évangile selon le spiritisme.*	*Reformador* de março de 1999.
1876	Primeira tradução de *O evangelho segundo o espiritismo* para o vernáculo, por parte do Dr. Joaquim Carlos Travassos (1839-1916) da 16ª edição francesa.	*Reformador* de março de 1999.
1936/ 1937	Tradução publicada pela FEB de autoria do Dr. Luís Olímpio Guillon Ribeiro (1875-1943).	Página informativa na edição fotomecânica de *L'évangile selon le spiritisme,* publicada pela FEB, em 1979.

Ano	Ocorrências	Fonte
1964	Comemorações do primeiro centenário de *O evangelho segundo o espiritismo* (29/4/1864–29/4/1964). – Emissão pelos Correios do selo postal que ficou conhecido como "Selo do Evangelho".	*Reformador* de abril de 1964 – artigo de Indalício Mendes. Allan Kardec, de Zêus Wantuil e Francisco Thiesen, vol. III, 1ª edição, FEB.
1979	Março. Publicação pela FEB, de edições fotomecânicas de *Imitation de l'évangile selon le spiritisme* e de *L'évangile selon le spiritisme*, dos originais franceses da 1ª edição de 1864 e da 3ª edição de 1866, respectivamente e, também, uma edição em espanhol, *El evangelio según el espiritismo*, chamada *Edição de Barcelona.*	Prefácios das edições citadas.
2001	Edição especial comemorativa da tiragem de 3.000.000 exemplares.	118ª edição da FEB, em agosto de 2001, tradução de Guillon Ribeiro, com nova capa de Douglas Martins.
2008	Primeira edição da FEB com tradução de Evandro Noleto Bezerra, da 3ª edição francesa, corrigida e modificada por Allan Kardec, em 1866.	Anotações da FEB em página inicial da edição.

Durante as comemorações do primeiro centenário de *O evangelho segundo o espiritismo,* em 1964, a Comunhão Espírita Cristã, de Uberaba, MG, publicou a obra *Livro da esperança*, contendo mensagens ditadas pelo Espírito Emmanuel, em conexão com os capítulos da terceira obra da Codificação, psicografadas pelo médium Francisco Cândido Xavier (1910-2002). Na abertura do livro, Emmanuel faz comovedora prece:

> Oh! Jesus! no luminoso centenário de *O evangelho segundo o espiritismo*, em vão tentamos articular, diante de ti, a nossa gratidão jubilosa!... Permite, pois, agradeçamos em prece a

tua abnegação tutelar e, enlevados ante o Livro Sublime, que te revive a presença entre nós, deixa que te possamos repetir, humildes e reverentes:

Obrigado, Senhor!...[36]

[36] N. A.: EMMANUEL (Espírito). *Livro da esperança*. Psicografado por Francisco Cândido Xavier. 1. ed. 1. imp. Uberaba/Brasília: CEC/FEB, 2023. cap. Obrigado, Senhor!

5

OBJETIVOS E OPÇÕES DE ALLAN KARDEC PARA ESTRUTURAÇÃO DO LIVRO

O Evangelho – código moral de valor incomparável – em toda a sua pureza, consoante a restauram os Espíritos do Senhor, no pórtico da Era Nova, penetrará, por fim, as almas, tornando-se o Estatuto seguro e indiscutível para as nações e os homens.

(FRANCO, Divaldo. Pelo Espírito Joanna de Ângelis. *Após a tempestade*. 3. ed. Salvador: Leal, p. 9.)

Ao publicar em abril de 1864, orientado pelos Espíritos Superiores, *O evangelho segundo o espiritismo* – sete anos após a publicação de *O livro dos espíritos* e três anos após *O livro dos médiuns* –, Allan Kardec, na "Introdução" do livro, procura explicar o objetivo da obra: "Dela podem todos haurir os meios de conformar com a moral do Cristo o respectivo proceder".[37]

---

[37] N. A.: KARDEC, Allan. *O evangelho segundo o espiritismo*. Trad. Guillon Ribeiro. 131. ed. 13. imp. Brasília: FEB, 2019. cap. Introdução, it. I. Objetivo desta obra.

Ele elenca *cinco opções* para compor o conteúdo do livro:

- os atos comuns da vida do Cristo;
- os milagres;
- as predições;
- as palavras que foram tomadas pela Igreja para fundamento de seus dogmas, e
- o ensino moral.

E declara:

> [...] As quatro primeiras têm sido objeto de controvérsias; a última, porém, conservou-se constantemente inatacável. Diante desse código divino, a própria incredulidade se curva. É terreno onde todos os cultos podem reunir-se, estandarte sob o qual todos podem colocar-se, quaisquer que sejam suas crenças, porquanto jamais ele constituiu matéria das disputas religiosas, que sempre e por toda parte se originaram das questões dogmáticas.[38]

Enfatiza Allan Kardec que os espíritas nela encontrarão as aplicações que lhe concernem mais especialmente. *O ensino moral*, portanto, é a tônica fundamental de *O evangelho*

---

[38] N.A.: KARDEC, Allan. *O evangelho segundo o espiritismo*. Trad. Guillon Ribeiro. 131. ed. 13. imp. Brasília: FEB, 2019. cap. Introdução, it. I. Objetivo desta obra.

segundo o espiritismo. O Codificador explica por que se fixou nessa parte das matérias contidas nos Evangelhos:

- A parte moral exige a reforma de cada um.
- É uma regra de conduta que abrange todas as circunstâncias da vida.
- É o caminho infalível da felicidade futura.
- É o princípio de todas as relações sociais fundadas na mais rigorosa justiça.

Nessa fase planetária do porvir, a frase-lema do aspecto religioso da Doutrina Espírita, exarada por Allan Kardec no capítulo 15 de *O evangelho segundo o espiritismo*: "Fora da caridade não há salvação", poderia ser insculpida como dístico da Organização das Nações Unidas (ONU), máxima essa que, se cumprida pelas nações, promoveria excepcional salto qualitativo na vida do planeta Terra.

O Apóstolo Paulo, interpretando esse princípio ético kardecista no capítulo 15, it. 10, da referida obra, em mensagem ditada em 1860, em Paris, enfatiza que os homens "à sombra dessa bandeira [...] viverão em paz" e declara que o conhecimento da luz do Espiritismo fará dos homens melhores cristãos, ajudando-os a compreender os ensinos do Cristo. A Doutrina Espírita, dessa forma, à medida que divulgar os seus postulados básicos, levando a Humanidade a compreender a imanência do pensamento de Deus em nossas vidas; a imortalidade da alma; a Lei da Reencarnação; e a comunicação com os Espíritos, promoverá substancial mudança na vida dos indivíduos, tornando-os melhores, mais humanos, promotores da justiça social e da sua libertação dos grilhões dos vícios, da violência e do egoísmo.

6

TRADUÇÕES E VERSÕES DA *BÍBLIA* UTILIZADAS POR ALLAN KARDEC

Aquela que seria a terceira obra da Codificação Espírita, através da qual, segundo o escritor Hermínio Miranda, Kardec "bateu a terceira estaca de sustentação da Doutrina, distinguindo-a como um sistema tríplice: filosofia, ciência e moral religiosa",[39] recebeu tratamento e cuidados especiais do seu autor. Para escrevê-la, fez um *retiro* com a sua esposa Amélie-Gabrielle Boudet, na Villa Ségur, de sua propriedade, no ano de 1863, consoante o seu depoimento que citamos no capítulo 1 deste livro.

Podemos afirmar que o Codificador adotou a mesma postura sensata – ante a importância da obra que iria elaborar –, assumida durante a organização do primeiro livro da Codificação: "[...] Da comparação e da fusão de todas as respostas, coordenadas, classificadas e muitas vezes retocadas no silêncio da meditação, foi que elaborei a primeira edição de *O livro dos espíritos,* entregue à publicidade em 18 de abril de 1857".[40]

---

[39] N. A.: MIRANDA, Hermínio C. *Anotações à edição brasileira de Imitation de l'évangile selon le spiritisme*, de Allan Kardec. 1. ed. do original francês, abr. 1864. Rio de Janeiro: FEB, 1979.

[40] N. A.: KARDEC, Allan. *Obras póstumas*. Trad. Evandro Noleto Bezerra. 2. ed. 1. imp. Brasília: FEB, 2013. pt. segunda, Extratos, *in extenso*, do livro das Previsões relativas ao espiritismo. it. A minha iniciação no Espiritismo.

No *caput* da "Introdução" que escreveu destacando o objetivo de *O evangelho segundo o espiritismo*, observamos que o Codificador se debruçou sobre "as matérias contidas nos Evangelhos",[41]considerando-as divididas em cinco partes, já citadas no início do capítulo anterior, concluindo que o *ensino moral*[41] é que constitui a tônica fundamental dos textos evangélicos. Decidiu, assim, que a *moral evangélica*[41] – "sobre a qual todos proclamam a sublimidade e a necessidade"[41] – seria a viga mestra das abordagens que faria naquele projeto do novo livro e que daria sequência à construção do *edifício da Codificação.*

Procurou, dessa forma, reunir na obra artigos que compusessem, "a bem dizer, um código de moral universal, sem distinção de culto"[41]. Declarando, ainda: "[...] respeitamos escrupulosamente a tradução de Sacy, assim como a divisão em versículos"[41], sem se ater, contudo, a "uma ordem cronológica impossível e sem vantagem real para o caso, [agrupando e classificando] metodicamente as máximas, segundo as respectivas naturezas de modo que decorram umas das outras, tanto quanto possível. [...]."[41]

O que destacamos do texto é a declaração de Kardec acerca da tradução da *Bíblia* que utilizou na construção de *O evangelho segundo o espiritismo*, para apresentação dos ensinos morais de Jesus, por ele, Kardec, selecionados, em conexão com o ensino dos Espíritos.

---

[41] N. A.: KARDEC, Allan. *O evangelho segundo o espiritismo*. Trad. Guillon Ribeiro. 131. ed. 13. imp. Brasília: FEB, 2019. cap. Introdução – Objetivo da obra.

Em nota inserida no capítulo 4 – "Ninguém poderá ver o Reino de Deus se não nascer de novo", de *O evangelho segundo o espiritismo*, Kardec indica que também consultava outras traduções da *Bíblia* (além da tradução de Sacy), do Antigo e do Novo Testamento, a exemplo da tradução de Osterwald e de textos de Lamennais. No mesmo capítulo, item 14, o Codificador volta a se referir às traduções de Lemaistre de Sacy e à tradução protestante de Osterwald, bem como à versão da Igreja grega, ao examinar a questão do *princípio da pluralidade das existências* o qual se acha, segundo Kardec, claramente expresso nas três versões citadas do Novo Testamento.

Vejamos um pequeno perfil dos tradutores da *Bíblia*, consultados por Allan Kardec:

LE NOUVEAU
TESTAMENT
De Noſtre Seigneur
JESUS CHRIST,
Traduit en François
Selon l'edition Vulgate, avec les differences du Grec.

A MONS,
Chez GASPARD MIGEOT, en la ruë de la Chauſſée, à l'enſeigne des trois Vertus.
M DC LXVII.
Avec Privilege & Approbation.

Página do Novo Testamento, publicada por Sacy, em 1667

a) Louis-Isaac Lemaistre de Sacy

Nasceu em Paris, em 29 de março de 1613, tendo desencarnado, no Castelo Pomponne, a 4 de janeiro de 1684. Foi sacerdote em Port-Royal, teólogo e humanista francês, conhecido por sua tradução da *Bíblia*, a mais difundida tradução francesa no século XVIII, também conhecida como *Bíblia de Port-Royal*, acessível ao público não latino de língua geral e de estilo sóbrio e elegante.

Louis-Isaac Lemaistre de Sacy (1613-1684)

b) Jean-Frédéric Osterwald

Jean-Frédéric Osterwald

Nasceu em 25 de novembro de 1663, em Neuchâtel, na Suíça, numa família aristocrática protestante, filho de pastor. Foi educado em Zurique e estudou Teologia em Orléans, em Paris e em Genebra. Entre as suas obras encontra-se a *Traduction de la Bible*, de 1724, e *Theologiae compêndio,* de 1739. Desencarnou em 14 de abril de 1747.[42]

c) Félicité Robert de Lamennais

Nasceu em Saint-Malo, em 19 de junho de 1782. Foi um filósofo e escritor político francês, figura influente e controversa na história da Igreja Católica francesa, tendo concebido a ideia de reviver o Catolicismo Romano como uma chave para a regeneração social, no ano de 1808. Foi ordenado padre aos 34 anos, em Paris. Elaborou uma tradução da obra *Imitação de Jesus Cristo*, cuja autoria é atribuída ao monge Tomás de Kempis. Desencarnou em 27 de fevereiro de 1854.[43]

Na obra *Um encontro com Jesus,* o médium Divaldo Franco faz vários comentários[44] acerca desse filósofo e homem religioso dos séculos XVIII e XIX, contemporâneo de Allan Kardec e que, após desencarnar, colaborou com a Codificação Espírita, por meio de mensagens que foram inseridas em

---

[42] N. A.: Disponível em: https://en.wikipedia.org/wiki/Jean-Fr%C3%A9d%C3%A9ric_Osterwald Acesso em: 22/10/2016.

[43] N. A.: Disponível em: https://pt.wikipedia.org/wiki/F%C3%A9licit%C3%A9_de_La_Mennais Acesso em: 19/10/2016.

[44] N. A.: FRANCO, Divaldo. *Um encontro com Jesus*. Compilado por Délcio Carlos Carvalho. Salvador: Leal, 2007.

O livro dos espíritos, questão 1.009, e em *O evangelho segundo o espiritismo*.

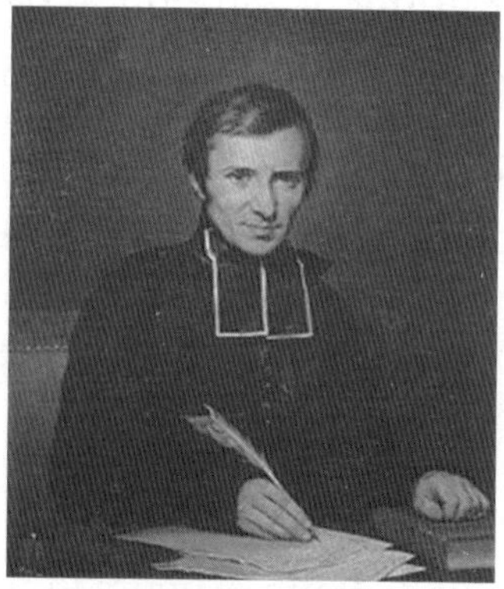

Lamennais

Em sua obra *Ilustrações doutrinárias*, o escritor espírita José Jorge (1931-2006) tece comentários acerca do *Plano didático de O evangelho segundo o espiritismo*, informando que Allan Kardec fez sete conexões com o Velho Testamento e 134 com o Novo Testamento.[45]

---

[45] N. A.: JORGE, José. *Ilustrações doutrinárias*, v. 1 e 2. Rio de Janeiro: Celd, 1992 e 1996, respectivamente.

7

INSTRUÇÕES DOS ESPÍRITOS QUE COMPÕEM *O EVANGELHO SEGUNDO O ESPIRITISMO*

Capítulos	Números de *Instruções*	Títulos-temas das mensagens	Autores espirituais (há mensagens com o mesmo tema assinadas por mais de um Espírito)	Ano da Recepção	Localidade da recepção
1	3	A Nova Era	Um Espírito israelita Fénelon Erasto, discípulo de São Paulo	1861 1861 1863	Mulhouse Poitiers Paris
2	1	Uma realeza terrestre	Uma rainha de França	1863	Le Havre
3	4	1. Mundos inferiores e mundos superiores 2. Mundos de expiações e de provas 3. Mundos regeneradores 4. Progressão dos mundos	1. Resumo do ensino de todos os Espíritos Superiores 2. Santo Agostinho 3. Santo Agostinho 4. Santo Agostinho	1. s/data 2. 1862 3. 1862 4. 1862	1. s/citação 2. Paris 3. Paris 4. Paris
4	2	1. Limites da encarnação 2. Necessidade da encarnação	1. São Luís 2. São Luís	1. 1859 2. 1859	1. Paris 2. Paris

5	13	1. Bem e mal sofrer 2. O mal e o remédio 3. A felicidade não é deste mundo 4. Perda de pessoas amadas. Mortes prematuras 5. Se fosse um homem de bem, teria morrido 6. Os tormentos voluntários 7. A desgraça real 8. A melancolia 9. Provas voluntárias. O verdadeiro cilício 10. Dever-se-á pôr termo às provas do próximo? 11. Será lícito abreviar a vida de um doente que sofra sem esperança de cura? 12. Sacrifício da própria vida 13. Proveito dos sofrimentos para outrem	1. Lacordaire 2. Santo Agostinho 3. François-Nicolas--Madeleine, cardeal Morlot 4. Sanson, antigo membro da Sociedade Espírita de Paris 5. Fénelon 6. Fénelon 7. Delphine de Girardin 8. François de Genève 9. Um anjo da guarda 10. Bernardin, Espírito protetor 11. São Luís 12. São Luís 13. São Luís	1. 1863 2. 1863 3. 1863 4. 1863 5. 1861 6. 1860 7. 1861 8. s/data 9. 1863 10. 1863 11. 1860 12. 1860 13. 1860	1. Le Havre 2. Paris 3. Paris 4. Paris 5. Sens 6. Lyon 7. Paris 8. Bordeaux 9. Paris 10. Bordeaux 11. Paris 12. Paris 13. Paris
6	4	Advento do Espírito de Verdade	O Espírito de Verdade O Espírito de Verdade O Espírito de Verdade O Espírito de Verdade	1860 1861 1861 1863	Paris Paris Bordeaux Le Havre

7	3	1. O orgulho e a humildade 2. Missão do homem inteligente na Terra	1. Lacordaire 1. Adolfo, bispo de Argel 2. Ferdinand, Espírito protetor	1. 1863 1. 1862 2. 1862	1. Constantine 1. Marmande 2. Bordeaux
8	3	1. Deixai vir a mim as criancinhas 2. Bem-aventurados os que têm os olhos fechados	1. João Evangelista 1. Um Espírito protetor 2. Vianney, cura d'Ars*	1. 1863 1. 1861 2. 1863	1. Paris 1. Bordeaux 2. Paris
9	5	1. A afabilidade e a doçura 2. A paciência 3. Obediência e resignação 4. A cólera	1. Lázaro 2. Um Espírito amigo 3. Lázaro 4. Um Espírito protetor 4. Hahnemann	1. 1861 2. 1862 3. 1863 4. 1863 4. 1863	1. Paris 2. Le Havre 3. Paris 4. Bordeaux 4. Paris
10	8	1. Perdão das ofensas 2. A indulgência 3. É permitido repreender os outros, notar as imperfeições de outrem, divulgar o mal dos outros?	1. Simeão 1. Paulo, Apóstolo 2. José, Espírito protetor 2. João, bispo de Bordeaux 2. Dufêtre, bispo de Nevers 3. São Luís 3. São Luís 3. São Luís	1. 1862 1. 1861 2. 1863 2. 1862 2. s/data 3. 1860 3. 1860 3. 1860	1. Bordeaux 1. Lyon 2. Bordeaux 2. Bordeaux 2. Bordeaux 3. Paris 3. Paris 3. Paris
11	8	1. A Lei de amor 2. O egoísmo 3. A fé e a caridade 4. Caridade para com os criminosos 5. Deve-se expor a vida por um malfeitor?	1. Lázaro 1. Fénelon 1. Sanson, ex-membro da Sociedade Espírita de Paris 2. Emmanuel 2. Pascal 3. Espírito protetor 4. Elizabeth de França 5. Lamennais	1. 1862 1. 1861 1. 1863 2. 1861 2. 1862 3. 1861 4. 1862 5. 1862	1. Paris 1. Bordeaux 1. Paris 2. Paris 2. Sens 3. Cracóvia 4. Le Havre 5. Paris

12	7	1. A vingança 2. O ódio 3. O duelo	1. Jules Olivier 2. Fénelon 3. Adolfo, bispo de Argel 3. Santo Agostinho 3. Um Espírito protetor 3. Francisco Xavier 3. Santo Agostinho	1. 1862 2. 1861 3. 1861 3. 1862 3. 1861 3. 1861 3. 1861	1. Paris 2. Bordeaux 3. Marmande 3. Paris 3. Bordeaux 3. Bordeaux 3. Bordeaux
13	12	1. A caridade material e a caridade moral 2. A beneficência 3. A piedade 4. Os órfãos 5. Benefícios pagos com ingratidão 6. Beneficência exclusiva	1. Irmã Rosália 1. Um Espírito protetor 2. Adolfo, bispo de Argel 2. São Vicente de Paulo 2. Cárita, martirizada em Roma 2. Cárita 2. Um Espírito protetor 2. São Joao, Apóstolo 3. São Miguel 4. Um Espírito familiar 5. Guia protetor 6. São Luís	1. 1860 1. 1860 2. 1861 2. 1858 2. 1861 2. 1861 2. 1861 2. 1861 2. 1862 4. 1860 5. 1862 6. 1860	1. Paris 1. Lyon 2. Bordeaux 2. Paris 2. Lyon 2. Lyon 2. Lyon 2. Bordeaux 3. Bordeaux 4. Paris 2. Sens 6. Paris
14	1	A ingratidão dos filhos e os laços de família	Santo Agostinho	1862	Paris
15	1	Fora da caridade não há salvação	Paulo, o Apóstolo	1860	Paris

16	7	1. A verdadeira propriedade 2. Emprego da riqueza 3. Desprendimento dos bens terrenos 4. Transmissão da riqueza	1. Pascal 1. M., Espírito protetor 2. Cheverus 2. Um Espírito protetor 2. Fénelon 3. Lacordaire 4. São Luís	1. 1860 1. 1861 2. 1861 2. 1861 2. 1860 3. 1863 4. 1860	1. Genebra 1. Bruxelas 2. Bordeaux 2. Cracóvia 2. Argel 3. Constantine 4. Paris
17	5	1. O dever 2. A virtude 3. Os superiores e os inferiores 4. O homem no mundo 5. Cuidar do corpo e do Espírito	1. Lázaro 2. François-Nicolas- -Madeleine 3. François-Nicolas- -Madeleine 4. Um Espírito protetor 5. Georges, Espírito protetor	1. 1863 2. 1863 3. 1863 4. 1863 5. 1863	1. Paris 2. Paris 3. Paris 4. Bordeaux 5. Paris
18	2	1. Dar-se-á àquele que tem 2. Reconhece-se o cristão pelas suas obras	1. Um Espírito amigo 2. Simeão	1862 1863	Bordeaux Bordeaux
19	2	1. A fé: mãe da esperança e da caridade 2. A fé divina e a fé humana	1. José, Espírito protetor 2. Um Espírito protetor	1862 1863	Bordeaux Paris
20	4	1. Os últimos serão os primeiros 2. Missão dos Espíritas 3. Os obreiros do senhor	1. Constantino, Espírito protetor 1. Henri Heine 2. Erasto, anjo da guarda do médium 3. O Espírito de Verdade	1. 1863 1. 1863 2. 1863 3. 1862	1. Bordeaux 1. Paris 2. Paris 3. Paris

21	4	1. Os falsos profetas 2. Características do verdadeiro profeta 3. Os falsos profetas da erraticidade 4. Jeremias e os falsos profetas	1. São Luís 2. Erasto 3. Erasto, discípulo de Paulo 4. Luiz, Espírito protetor	1. 1861 2. 1862 3. 1862 4. 1861	1. Bordeaux 2. Paris 3. Paris 4. Carlsruhe
22	2	1. Maneira de orar 2. Felicidade que a prece proporciona	1. V. Monod 2. Santo Agostinho	1862 1861	Bordeaux Paris
	101 instruções	71 Títulos-temas	101 Comunicações	1858 a 1863	14 cidades

Obs.: Os capítulos 22 a 26 não possuem *Instruções dos Espíritos.*

	Nome dos Espíritos comunicantes	Quantidade de comunicações	Cidades onde foram psicografadas
1	Adolfo, bispo de Argel	3	Marmande (2) Bordeaux (1)
2	Agostinho (ou Santo Agostinho)	8	Paris (7) Bordeaux
3	Bernardin, Espírito protetor	1	Bordeaux
4	Cárita ou Cáritas, martirizada em Roma	2	Lyon
5	Cheverus	1	Bordeaux
6	Constantino, Espírito protetor	1	Bordeaux
7	Delphine de Girardin	1	Paris
8	Dufêtre, bispo de Nevers	1	Bordeaux
9	Espíritos Superiores	1	s/localidade
10	Espírito protetor	1	Cracóvia
11	Elizabeth de França	1	Le Havre

	Nome dos Espíritos comunicantes	Quantidade de comunicações	Cidades onde foram psicografadas
12	Emmanuel	1	Paris
13	Erasto Vide artigo *Um Espírito chamado Erasto*, autoria de Kleber Halfeld, em *Reformador* de outubro de 1993.	4	Paris
14	Fénelon	6	Poitiers Sens Lyon Bordeaux (2) Argel
15	François-Nicolas-Madeleine	3	Paris Paris Paris
16	François de Genève	1	Bordeaux
17	Ferdinand, Espírito protetor	1	Bordeaux
18	Francisco Xavier	1	Bordeaux
19	Guia protetor	1	Sens
20	Georges, Espírito protetor	1	Paris
21	Henri Heine	1	Paris
22	Hahnemann	1	Paris
23	Irmã Rosália	1	Paris
24	São João, Apóstolo	1	Bordeaux
25	São João Evangelista	1	Paris
26	José, Espírito protetor	2	Bordeaux
27	João, bispo de Bordeaux	1	Bordeaux
28	Jules Olivier	1	Paris
29	Lázaro	4	Paris
30	São Luís	1	Bordeaux
31	Luiz, Espírito protetor	1	Carlsruhe

	Nome dos Espíritos comunicantes	Quantidade de comunicações	Cidades onde foram psicografadas
32	Lacordaire	3	Le Havre Constantine (2)
33	Lamennais	1	Paris
34	M. Espírito protetor	1	Bruxelas
35	São Miguel	1	Bordeaux
36	O Espírito de Verdade	4	Paris (2) Bordeaux Le Havre
37	São Paulo, Apóstolo	2	Lyon Paris
38	Pascal	2	Sens Genebra
39	São Vicente de Paulo	1	Paris
40	Simeão	2	Bordeaux
41	Sanson	2	Paris
42	São Luís	10	Paris
43	Um Espírito israelita	1	Mulhouse
44	Uma rainha de França	1	Le Havre
45	Um Espírito protetor	1	Paris
46	Um Espírito protetor	1	Paris
47	Um Espírito protetor	1	Bordeaux
48	Um Espírito protetor	1	Bordeaux
49	Um Espírito protetor	1	Bordeaux
50	Um Espírito protetor	1	Lyon
51	Um Espírito protetor	1	Lyon
52	Um Espírito protetor	1	Cracóvia
53	Um Espírito amigo	2	Le Havre Bordeaux
54	Um anjo da guarda	1	Paris

	Nome dos Espíritos comunicantes	Quantidade de comunicações	Cidades onde foram psicografadas
55	Um Espírito familiar	1	Paris
56	Vianney, cura d'Ars	1	Paris
57	V. Monod	1	Bordeaux
	TOTAL DE COMUNICAÇÕES	100	14 localidades e uma s/ identificação.

Obs.: As mensagens assinadas por "Um Espírito protetor" foram consideradas individuais, sobretudo em face das várias localidades.

Cidades onde as mensagens foram psicografadas:

1. Argel (Argélia)	1	8. Le Havre (França)	5
2. Bordeaux (França)	25	9. Lyon (França)	6
3. Bruxelas (Bélgica)	1	10. Marmande (França)	2
4. Carlsruhe (Alemanha)	1	11. Mulhouse (França)	1
5. Constantine (Argélia)	2	12. Paris (França)	48
6. Cracóvia (Polônia)	2	13. Poitiers (França)	1
7. Genebra (Suíça)	1	14. Sens (França)	3
		15. Sem identificação	1
		TOTAL	100

Esclarece Allan Kardec na "Introdução" do livro:

> Como complemento de cada preceito, acrescentamos algumas instruções escolhidas dentre as que os Espíritos ditaram em vários países e por diferentes médiuns. Se essas instruções tivessem emanado de uma fonte única, poderiam ter sofrido uma influência pessoal ou do meio, ao passo que a diversidade das origens prova que

os Espíritos dão seus ensinos por toda parte e que ninguém goza de qualquer privilégio a esse respeito.[46]

Neste parágrafo, o Codificador emitiu nota de rodapé, com o seguinte texto:

> Poderíamos dar, sem dúvida, sobre cada assunto, maior número de comunicações obtidas num grande número de cidades e centros espíritas, além das que citamos, mas quisemos, antes de tudo, evitar a monotonia das repetições inúteis e limitar a nossa escolha às que, tanto pelo fundo quanto pela forma, se enquadravam mais especialmente no contexto desta obra, reservando para publicações posteriores as que não puderam caber aqui.[46]

Elucida o Codificador:

> Quanto aos médiuns, abstivemo-nos de nomeá-los. Na maioria dos casos, não os designamos a pedido deles próprios e, assim sendo, não convinha fazer exceções. Os nomes dos médiuns, ademais, não teriam acrescentado nenhum valor à obra dos Espíritos. [...][46]

---

[46] N.A.: KARDEC, Allan. *O evangelho segundo o espiritismo*. Trad. Evandro Noleto Bezerra. 2. ed. 1. imp. Brasília: FEB, 2013.

8

MAPA DA FRANÇA IDENTIFICANDO AS LOCALIDADES DE RECEPÇÃO DAS MENSAGENS[47]

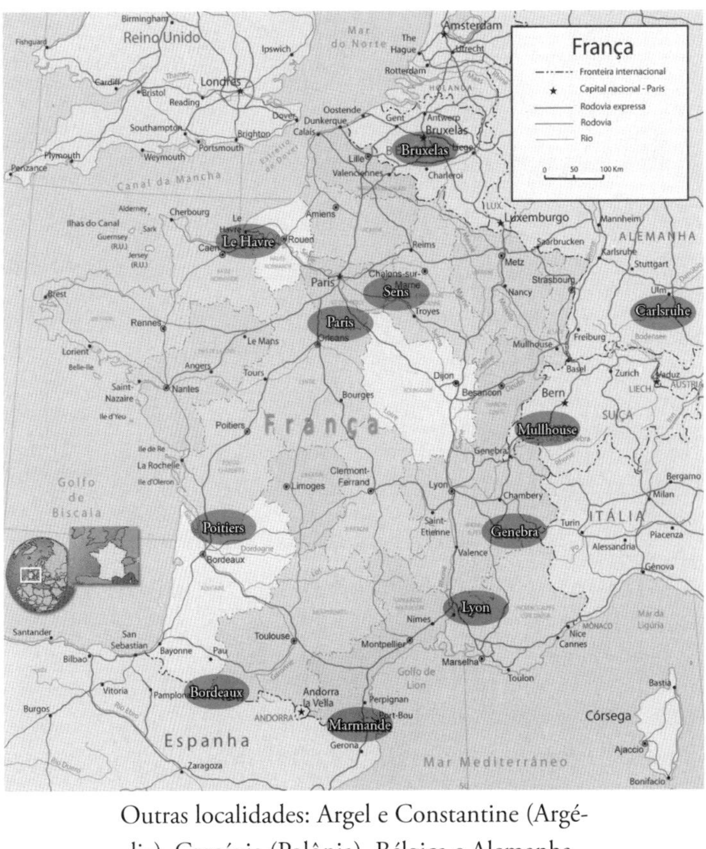

Outras localidades: Argel e Constantine (Argélia), Cracóvia (Polônia), Bélgica e Alemanha.

[47] N.A.: Disponível em: https://acesse.one/sw2dS. Acesso em: 3 fev. 2013.

9

DADOS BIOGRÁFICOS DE ALGUNS ESPÍRITOS COMUNICANTES[48]

a) Delphine de Girardin

Nasceu Delphine Gay, na localidade de Aix-La-Chapelle, em 26 de janeiro de 1804, no mesmo ano do Codificador, e desencarnou na capital francesa, em 29 de junho de 1855.

Foi poetisa e frequentou os salões de *Mme.* Récamier. Casou-se com Émile de Girardin, jornalista e político francês, passando então a ser conhecida como a Sr.ª Émile de Girardin. Foi amiga do romancista Victor Hugo.

b) Emmanuel

O nome ficou conhecido, entre os espíritas brasileiros, pela psicografia do médium mineiro Francisco Cândido Xavier. Em vida pregressa foi o patrício romano Publius Lentulus Cornelius, citado no famoso romance *Há dois mil anos*, tendo desencarnado em Pompeia, no ano 79, cego e já voltado aos princípios de Jesus.

---

[48] N. A.: FEDERAÇÃO ESPÍRITA DO PARANÁ. *Expoentes da codificação espírita*. 2002; e ENCICLOPÉDIA BARSA. ed. 1984, v. 7, 8, 12 e 15.

c) Erasto

Segundo Allan Kardec, em *O livro dos médiuns*, capítulo 19, item 225: "Era um Espírito Superior, que se revelou mediante comunicações de ordem elevadíssima".

d) Fénelon

Nome literário de François de Salignac de la Mothe-Fénelon, prelado e escritor francês, nasceu no Castelo de Fénelon, em Périgord, em 6 de agosto de 1651. Pertencente à ilustre família de diplomatas e militares, ordenou-se sacerdote aos 24 anos; foi superior da Congregação das Novas Convertidas (protestantes vindas para o catolicismo) e missionário no Poitou e em Saintonge quando da revogação do Edito de Nantes. Nomeado em 1689 para preceptor do duque de Borgonha, o Delfim, falecido em plena juventude. Além de seus tratados religiosos, escreveu livros para a educação do Delfim, dentre eles *Télémaque*, destinado à educação política do príncipe, no qual defendia ideias consideradas como críticas ao regime de Luís XIV. Desencarnou a 7 de janeiro de 1715, em Cambrai. Há mensagens dele também em *O livro dos médiuns* e assinou *Prolegômenos* em *O livro dos espíritos.*

e) Francisco Xavier

Francisco de Jassu y Javier nasceu em 7 de abril de 1506, no Castelo dos Javier, perto de Pamplona, na Espanha. Foi ordenado padre e, a serviço da monarquia portuguesa, fez de Goa, na Índia, o centro de difusão do seu apostolado, ficando conhecido como *Apóstolo da Índia.* Desencarnou aos 46 anos, em 3 de dezembro de 1552, na ilha de Sancian, China. Nascido de família pobre, estudou em Paris (1525-1534), onde Inácio de Loyola foi seu companheiro de quarto. Com os exercícios espirituais, que praticou com extraordinário fervor sob a direção do próprio Inácio, orientou-se para a tarefa apostólica a que dedicou toda sua vida. O papa outorgou-lhe licença para receber o sacerdócio. Xavier pôde assim celebrar sua primeira missa em Vicenza. Investido da dignidade de Núncio Apostólico, seguiu sozinho para as missões. Chegando à Índia, instalou-se no hospital de Goa e, a seguir, esteve na Costa da Pescaria e em Travancore. De 1546 a 1547 foi às Molucas, às ilhas do Mouro e provavelmente às Filipinas. Em 1549, viajou para o Japão, onde teve licença para pregar, retornando para a Índia. Em 1552, viajou para a China. Já perto, na ilha de Sancian, foi atacado por violenta febre, que o levou a óbito, em poucos dias. Foi canonizado juntamente com Santo Inácio de Loyola, a 25 de novembro de 1622.

f) Hahnemann

Christian Friedrich Samuel Hahnemann nasceu a 10 de abril de 1755, em Meissen, na Saxônia. Foi estudar Medicina em Leipzig, onde foi docente em 1812. Elaborou a conhecida doutrina homeopática, resumida na expressão *similia similibus curantur*, ou seja, sintomas semelhantes são curados por remédios semelhantes. Desencarnou em Paris, em 2 de julho de 1843.

g) Henri Heine

Seu nome em alemão era Heinrich Heine; nasceu em Düsseldorf, em 13 de dezembro de 1797, de família judaica. Em Berlim, estudou literatura e foi poeta e jornalista. Emigrou para Paris no ano de 1831, onde foi correspondente de jornais alemães. Desencarnou em 17 de fevereiro de 1856.

h) João Evangelista (São João)

Da família Zebedeu foram escolhidos por Jesus dois apóstolos: Tiago Maior e João, na pequena cidade de Betsaida. João era adolescente. Os dois irmãos conheciam as pregações de João Batista e foi no Tiberíades que o Rabi os convidou a participar das alegrias da Boa-Nova, transformando-os em *pescadores de homens*.

i) Lacordaire

Nasceu numa cidade francesa perto de Dijon, em 12 de maio de 1802. Teve profunda experiência religiosa, formando-se em Teologia. Foi vigário da Catedral de Notre-Dame, em Paris, onde a força de sua oratória atraía milhares de leigos para o culto. Em 1839, entrou para a Ordem Dominicana na França. Discípulo de Lamennais, afirmava que a união da liberdade e do Cristianismo seria a única possibilidade de salvação do futuro Cristianismo. Foi membro da Academia Francesa e desencarnou em 21 de novembro de 1861.

j) Lamennais

Nascido em família burguesa, a 19 de junho de 1782, em Saint-Malo, na França, foi brilhante escritor, tornando-se figura influente e controversa na história da Igreja francesa. Desencarnou em 27 de fevereiro de 1854.

k) Lázaro

É apresentado como irmão de Marta e Maria, residentes em Betânia, perto de Jerusalém, e amigos de Jesus. O episódio, envolvendo sua enfermidade, morte e ressurreição por Jesus, encontra-se narrado por João, em seu Evangelho, capítulo 11, versículos 1 a 44.

l) Pascal

Blaise Pascal nasceu em 19 de junho de 1623, em Clermont-Ferrand. Foi filósofo, matemático e escritor francês. Aos 11 anos, já resolvia os mais difíceis problemas de Geometria Euclidiana, aos 12 escreveu um tratado sobre acústica, aos 16 escreveu o *Tratado sobre as seções cônicas* (*Essai pour les coniques*), um problema de alta Geometria, que assombrou o mundo intelectual da época.

Em suas *Cartas provinciais*, Pascal apresenta a verdadeira Igreja do Cristo. Essas cartas, consideradas um dos maiores monumentos da literatura francesa, em número de 18, foram relacionadas, em 1657, no Índex da Igreja.

m) Paulo, Apóstolo

Apóstolo dos Gentios e *Bandeirante do Cristianismo Nascente* são denominações a ele atribuídas. Nasceu em Tarso, entre os anos 5 e 10 da Era Cristã, na Cilícia, importante centro mercantil e intelectual do mundo romano, com o nome de Saulo de Tarso. Após profunda transformação espiritual, no episódio da Estrada de Damasco, quando tem uma visão espiritual de Jesus, mudou o nome para Paulo de Tarso, conforme narrativa em *Atos* (9:1 a 22). É autor das famosas Epístolas Paulinas.

n) Sanson

Foi membro da Sociedade Espírita de Paris, fundada por Allan Kardec em 1º de abril de 1858. Desencarnou em 21 de abril de 1862, comunicando-se no mesmo mês na referida Sociedade, através do médium Leymarie, respondendo a delicadas questões da situação do Espírito após a morte física.

o) Santo Agostinho

Agostinho nasceu em 13 de novembro de 354, em Tagaste, pequena cidade da atual Argélia, onde viveu sua infância e juventude. Em Cartago fez estudos superiores e se dedicou ao ensino por treze anos. Os pintores medievais o retratam com o livro na mão e o coração em chamas. O livro simboliza a Ciência, o coração inflamado, o amor. Sabedoria e amor foram os seus dons inseparáveis. Morreu aos 76 anos, na noite de 28 para 29 de agosto do ano 430.

p) Luís IX (São Luís)

São Luís ou Luís IX foi coroado rei da França, com apenas 12 anos, em novembro de 1226. Católico fervoroso fez construir, de 1245 a 1248, a Sainte-Chapelle, em Paris, e também foi sua a iniciativa para construção da Sorbonne. Ficou conhecido como o *bom rei Luís*. Foi canonizado pelo Papa Bonifácio VIII, no ano de 1247.

q) Vianney, Cura d'Ars

João Maria Vianney nasceu em 8 de maio de 1786, em Dardilly, aldeia a dez quilômetros ao Norte de Lyon. Tornou-se clérigo com 25 anos, em 28 de maio de 1811, na Catedral Saint-Jean. Passou a residir na cidade de Ars a partir de fevereiro de 1818, acompanhado do seu maior tesouro: sua biblioteca de cerca de 300 volumes. O que mais ele valorizava eram a caridade e a gentileza. Comovia-se com a dor alheia, auxiliando sempre os seus paroquianos, e vivia em extrema pobreza e austeridade. Desencarnou tranquilamente em 4 de agosto de 1859.

r) Vicente de Paulo (São)

Filho de camponeses, nasceu na cidade de Pouy (hoje St. Vincent de Paul), situada no Sul da França. Em 24 de abril de 1576, ordenou-se sacerdote aos 19 anos. Em 1600, graduou-se bacharel em Teologia pela Universidade de Toulouse. Em 1605, preso por piratas turcos, foi vendido como escravo em Túnis. De volta à França, em 1607, foi nomeado capelão-geral dos galés. A partir de suas experiências como distribuidor de esmolas, por indicação da rainha Margarida, ex-esposa de Henrique IV, idealiza em 1633 a criação de uma associação de mulheres, com o objetivo de visitar, alimentar e prestar aos enfermos todos os cuidados indispensáveis: a Congregação das Irmãs de Caridade (Vicentinas). Desencarnou em 27 de setembro de 1660. Foi canonizado pelo Papa Clemente XII, em 1737.

10

CONEXÕES ENTRE *O EVANGELHO SEGUNDO O ESPIRITISMO* E *O LIVRO DOS ESPÍRITOS* – ESTUDOS DE DEOLINDO AMORIM

Não podemos perder o vínculo com o Evangelho.

(Divaldo Franco, em palestra na Mansão do Caminho.)

Do livro *Cadernos doutrinários*: preleções para estudo do espiritismo, de autoria de Deolindo Amorim (1906-1984),[49] contendo resumo das famosas aulas por ele proferidas no *Centro*

[49] N. A.: Agradecemos ao *Círculus* – Departamento Editorial do Círculo Espírita da Oração, Salvador, BA, a autorização para transcrição do texto de autoria de

Espírita 18 de Abril, no Rio de Janeiro, transcrevemos o texto abaixo, acerca das conexões entre *O evangelho segundo o espiritismo* e *O livro dos espíritos*. A obra foi publicada em 2000 por Círculus – Departamento Editorial do Círculo Espírita da Oração, de Salvador, BA. Na mesma obra, o autor faz, ainda, correlações entre *O livro dos espíritos* e outros livros da Codificação Espírita: *O livro dos médiuns*, *O céu e o inferno* e *A gênese*.

Acompanhemos os comentários de Deolindo Amorim:

> Cronologicamente, *O evangelho segundo o espiritismo* é o livro que vem logo depois de *O livro dos médiuns*. Tendo sido publicado, como já vimos, em abril de 1864, *O evangelho segundo o espiritismo* é o 3º livro básico da Codificação. Reúne, como se sabe, um conjunto de ensinos morais do Cristo. A preocupação de Allan Kardec, quando incorporou as máximas cristãs à Doutrina, foi estabelecer uma espécie de terreno neutro, acima das controvérsias religiosas. Precisamente por isso mesmo, o Espiritismo não entra na discussão de problemas históricos nem exegéticos: fica com a parte moral, que é básica e se aplica a todos os homens, e deixa os pormenores, as divergências e sutilezas verbais para os especialistas em tais assuntos, ou para os que desejarem se fazer eruditos. Ao Espiritismo

---

Deolindo Amorim, constante do livro *Cadernos doutrinários*. Preleções para o estudo do espiritismo.

interessa fundamentalmente a parte moral do Evangelho, pois esta é a cúpula da Doutrina, como já se disse inúmeras vezes. Como assunto de cultura religiosa, é interessante discutir minúcias, levantar questões sobre o aspecto histórico de certas passagens da vida do Cristo etc.; nada disto, porém, é decisivo para a reforma moral da criatura humana, e este, acima de tudo, é o verdadeiro escopo da Doutrina. Claro que se não deve fechar o campo do estudo e da pesquisa histórica. Jamais! Para evitar mais demandas de caráter religioso e a fim de que o Espiritismo ficasse equidistante de polêmicas inoportunas, preferiu Allan Kardec, prudentemente, sensatamente, ater-se à parte moral do Evangelho, pois nenhum outro sistema de moral superou, em essência e solidez, àquilo que o Cristo ensinou e exemplificou.

Convém notar, entretanto, que *o Espiritismo interpreta o Evangelho, não é o Evangelho que interpreta o Espiritismo.* É com a *chave* do Espiritismo que compreendemos o pensamento de muitos ensinos fundamentais do Evangelho. Não podemos, pois, estudar o Evangelho, tal qual se acha no Novo Testamento, desprezando os recursos e as elucidações da Doutrina Espírita. Nosso estudo evangélico deve ser feito, sempre, À LUZ DO ESPIRITISMO, para que possamos, assim, compreender o pensamento vivo do Cristo como solução para os problemas do destino humano.

Allan Kardec explica muito bem este ponto na própria introdução de *O evangelho segundo o espiritismo*, cuja leitura se torna cada vez mais necessária. A princípio, o Codificador do Espiritismo escolhera, para esse livro, o título de *Imitação do evangelho*, e é ele quem no-lo diz. Logo depois, entretanto, por sugestão do editor Didier e de outras pessoas, resolveu dar-lhe o título definitivo de *O evangelho segundo o espiritismo*. Veja-se bem que o título já exprime a orientação da obra: é O Evangelho segundo o Espiritismo, não é o Espiritismo segundo o Evangelho. O Evangelho pode ser interpretado segundo o Budismo, segundo o Catolicismo, segundo a Igreja Luterana etc., etc. Cada qual tem a sua interpretação, mas o Evangelho, isto é, a Boa-Nova anunciada por Jesus é uma só; a sua mensagem é dirigida a TODOS, sem cogitação de grupos, nem de raças ou de seitas.

Ora, a Doutrina Espírita apoia-se em fenômenos psíquicos e provas mediúnicas; seus raciocínios essenciais são inteiramente concordantes com a tese da reencarnação. Logo, a interpretação espírita, a não ser em determinados pontos gerais, como a existência de Deus e da alma, não pode coincidir com a interpretação católica do

Evangelho, nem com a interpretação protestante, por exemplo. Abstendo-se de apreciar questões dogmáticas e pontos de vista de escolas ou correntes, o Espiritismo extrai do Evangelho a sua substância, isto é, a parte moral, pois a moral do Evangelho está acima de todas as controvérsias e de todos os sofismas. O Espiritismo adota a moral de Jesus, porque ela condiz com o caráter e os objetivos da Doutrina Espírita. Passemos, agora, às relações de *O evangelho segundo o espiritismo* com *O livro dos espíritos.*

Tabela comparativa elaborada por Deolindo Amorim.

Ensino coletivo	
Concordância universal. "Introdução" de *O evangelho segundo o espiritismo*. Segunda parte.	Origem da Doutrina. Ensino dos Espíritos. *O livro dos espíritos*. Espírito de Verdade. "Prolegômenos".

Espiritismo e Cristianismo	
Complemento dos ensinos do Cristo. *O evangelho segundo o espiritismo.* Cap. 1, itens 7 e 8.	A Doutrina Espírita e a moral de Jesus. *O livro dos espíritos*. Q. 625-627. Também na parte final do mesmo livro, "Conclusão", seção VIII.

Pluralidade dos mundos	
Há muitas moradas na casa do meu Pai. *O evangelho segundo o espiritismo.* Cap. 3, item 25.	Encarnação em diferentes mundos. Mundos transitórios. *O livro dos espíritos.* Q. 172, 234 e 235.

Reencarnação em planetas inferiores	
O evangelho segundo o espiritismo. Cap. 3, item 5.	*O livro dos espíritos.* Q. 174, 178 e 192.

Ressurreição e Reencarnação	
O evangelho segundo o espiritismo. Cap. 4.	*O livro dos espíritos.* Pluralidade das existências. Q. 166 a 196.

Esquecimento do passado	
O evangelho segundo o espiritismo. Cap. 5, item 12.	*O livro dos espíritos.* Q. 392 a 398.

Suicídio	
O evangelho segundo o espiritismo. Cap. 5, item 14.	*O livro dos espíritos.* Q. 943 a 955.

O Consolador Prometido	
O evangelho segundo o espiritismo. Cap. 6, item 3 e Cap. 23, item 17.	*O livro dos espíritos.* Q. 627.

Inimigos desencarnados	
O evangelho segundo o espiritismo. Cap. 12, item 5.	*O livro dos espíritos.* Q. 295 e 296, 459 a 480, 549.

Problema do parentesco	
O evangelho segundo o espiritismo. Cap. 14, item 8.	*O livro dos espíritos.* Q. 203 a 217.

Problema da propriedade	
O evangelho segundo o espiritismo. Cap. 16, itens 9 a 15.	*O livro dos espíritos.* Q. 880 a 885.

Livre-arbítrio e Determinismo	
O evangelho segundo o espiritismo. Cap. 9, item 10 e Cap. 27, itens 6 e 12.	*O livro dos espíritos.* Q. 368, 843 a 867.

Cuidados com o corpo O Espiritismo reprova o desleixo corporal, a maceração e as privações voluntárias.	
O evangelho segundo o espiritismo. Cap. 5, item 26.	*O livro dos espíritos.* Q. 718 a 721.

Vida social O Espiritismo não aprova o isolamento sistemático, a fuga aos deveres humanos.	
O evangelho segundo o espiritismo. Cap. 17, item 10.	*O livro dos espíritos.* Q. 766 a 772.

O Espiritismo e a Moral do Evangelho	
O evangelho segundo o espiritismo. Cap. 17, item 4.	*O livro dos espíritos.* Q. 625 e 627. Também na "Conclusão" do livro, parte final, seção VIII.

Orar bem **O valor da prece não está nas palavras ou na atitude pessoal, mas no sentimento.**	
O evangelho segundo o espiritismo. Cap. 27, itens 4 e 15.	*O livro dos espíritos.* Q. 660.

Necessidade de instrução	
O evangelho segundo o espiritismo. Cap. 6, item 5.	*O livro dos espíritos.* Q. 192, 365 e 791.

E continua o inesquecível estudioso da Doutrina Espírita:

> Com estas referências, que são apenas indicações, poderão os principiantes ou interessados verificar os pontos de correlação entre *O evangelho segundo o espiritismo* e *O livro dos espíritos*, obras básicas da Doutrina. Poderão ir mais longe, procurando outros liames entre as duas obras. Queremos, apenas, dentro de nosso plano de trabalho, mostrar o entrosamento, como já fizemos ver desde o começo de nossos estudos doutrinários.
>
> O Evangelho – nem é preciso dizê-lo – é o nosso código de procedimento. Devemos, porém, interpretar o Evangelho à luz da Doutrina Espírita e, não, fazer dele uma espécie de breviário. Os

ensinos do Cristo nos chamam à responsabilidade a todo momento e em todas as situações da vida. É inútil esperar *graças* dos Céus sem esforço próprio, sem fazer por merecer. É o próprio Cristo quem o diz: "*A cada um segundo as suas obras*". O Espiritismo, pela via da razão esclarecida, nos faz compreender, não a letra, mas o espírito do Evangelho, que é a bússola de nossa vida, desde que nos compenetremos de que precisamos realizar, antes de tudo, a nossa reforma íntima para podermos colocar o "Reino de Deus" em nós, como recomendou Jesus. (Grifos do autor.)

11

COMENTÁRIOS E VIVÊNCIAS EM TORNO DE *O EVANGELHO SEGUNDO O ESPIRITISMO*

a) Pelo Espírito Joanna de Ângelis

O Espírito Joanna de Ângelis, por meio do médium Divaldo Franco, faz inúmeras referências, em suas mensagens, ao conteúdo de *O evangelho segundo o espiritismo*. Escreveu três livros em que todos os seus ditados fazem alusão a passagens evangélicas contidas nesse terceiro livro da Codificação Espírita: *Florações evangélicas, Rumos libertadores* e *Jesus e o evangelho à luz da psicologia profunda.*

***

Florações evangélicas: "[...] Reverenciando e atualizando os ensinamentos cristãos, *O evangelho segundo o espiritismo*, em estudando as lições morais de Cristo, apresenta-se como a ética legítima para o hoje como para o amanhã da Humanidade, que não é possível subestimar".[50]

[50] N. A.: ÂNGELIS, Joanna de (Espírito). *Florações evangélicas.* Psicografado por Divaldo P. Franco. 4. ed. Salvador: Leal, 1974.

***

Rumos libertadores: “As páginas que se irão ler foram inspiradas nos preciosos ensinamentos insertos em *O evangelho segundo o espiritismo*, de Allan Kardec, por considerá-lo verdadeira bússola, apontando o rumo seguro para todos os candidatos e aspirantes ao Reino dos Céus, de que nos fala Jesus”.[51]

***

Jesus e o evangelho à luz da psicologia profunda: “Percorrendo as páginas edificantes de *O evangelho segundo o espiritismo*, de Allan Kardec, utilizamo-nos de alguns dos seus textos, com as respectivas anotações dos evangelistas, para propormos breves comentários à luz da psicologia profunda, por considerarmos de grande atualidade as propostas neles exaradas”. (Na abertura da obra.)[52]

b) Pelo Espírito Vianna de Carvalho

Por meio do médium Divaldo Franco, escreveu bela mensagem intitulada *O evangelho segundo o espiritismo*, a qual faz parte do livro *Crestomatia da imortalidade*, publicado em 1969, como segue:

---

[51] N. A.: ÂNGELIS, Joanna de (Espírito). *Rumos libertadores*. Psicografado por Divaldo P. Franco. 5. ed. Salvador: Leal, 2008.

[52] N. A.: ÂNGELIS, Joanna de (Espírito). *Jesus e o evangelho à luz da psicologia profunda*. Psicografado por Divaldo P. Franco. Salvador: Leal, 2000.

Enquanto a noite moral se demora no corpo ciclópico da Europa, Jesus vela.

Em Paris, desde 1857, teve início a Era Espírita com *O livro dos espíritos* e, desde então, os velhos conceitos do pensamento filosófico sofrem vigoroso embate.

O cadáver das instituições vencidas não impede que a Humanidade escreva nova página nos fastos da História.

A boca da intolerância, porém, prossegue, insaciável, tentando devorar as tenras conquistas da verdade, que teima em impor-se.

Agressões e diatribes, lutas e dificuldades surgem esmagadoras, através das quais a força da ignorância tenta sobrepujar a nobreza da razão. Apesar disso, o império das sombras, abalado, começa a ruir...

Espíritos de escol que haviam mergulhado na carne ensaiam os primeiros passos no rumo da liberdade das consciências e da moral.

Em 1860, Allan Kardec conclui o trabalho valoroso de *O livro dos médiuns* que vem à publicidade no ano seguinte.

A Filosofia e a Ciência experimental confraternizam, no mundo espírita, alargando os conceitos da vida...

A dor, no entanto, campeia. Embora o Consolador já se encontre entre os homens, o luto e o desencanto, desenfreados, alastram-se, disseminando amargura e aflição.

As esferas sublimes, porém, recolhendo os apelos e as lágrimas, que se erguem da Terra angustiada, preparam a Grande Mensagem de Consolação, em nome de Jesus, e *O evangelho [...]*, como há dois mil anos, se corporifica nas mãos de Allan Kardec para distender a esperança e o amor sobre toda a Terra...

[...]. Em abril de 1864, o Paracleto, glorioso e triunfante aparece no mundo, vitoriosamente, repetindo o Mestre, na Galileia, após a ressurreição, quando confortava os que ficaram na névoa carnal...

Antes, as Vozes haviam falado ao cérebro, e a razão, esclarecida, ensaiou e conseguiu realizar novos empreendimentos.

Depois, a razão investigando, ciosa de roteiros novos, recolheu as notícias da mediunidade, do médium, da obsessão.

O coração, ansioso e sofredor, sedento de paz e harmonia, recebeu, por fim, em *O evangelho [...]*, o simbólico e sublime lenço para lhe enxugar o suor e o pranto, envolvendo-o no carinho da consolação apaziguadora.

Jesus, que nunca antes se apartara dos homens, aproximou-se, ainda mais, e voltou a falar como outrora, chamando, chamando e conduzindo.

Novas bem-aventuranças sobre os corações...

Cânticos de louvor aos humildes e simples...

Promessas abençoadas de amor...

Vozes libertadoras...

As fronteiras do Céu perdem-se, agora, interpenetradas nos umbrais da Terra e os Embaixadores da Vida Maior, confraternizando, reafirmam a libertação do Espírito humano das velhas algemas...

Jesus é o guia e Kardec o condutor.

A Boa-Nova é o roteiro e a mensagem espírita, o consolo.

O evangelho segundo o espiritismo que, então, no mundo, corporifica a palavra imperecível do Excelso Enviado, é Ele mesmo de retorno, tomando os filhos e as filhas da dor nos seus amorosos braços para conduzi-los aos páramos da luz gloriosa e inextinguível da Verdade.[53]

***

[53] N. A.: CARVALHO, Vianna de (Espíritos diversos). *Crestomatia da imortalidade.* Psicografado por Divaldo P. Franco. 3. ed. Salvador: Leal, 1994.

Vianna de Carvalho no livro *À luz do espiritismo*:

> Na Terceira Parte de *O livro dos espíritos*, ao serem insertas as bases morais e evangélicas da Doutrina Espírita, os mensageiros do Senhor, encarregados da Codificação, programaram com manifesta sabedoria, inspirados nos apontamentos dos evangelistas, o roteiro do que viria a ser mais tarde *O evangelho segundo o espiritismo*, onde são estudados ensinos aparentemente contraditórios e dúbios, em atestado eloquente de respeito aos chamados "ditos do Senhor".[54]

c) Pelo Espírito Emmanuel

> [...] Convidaste Allan Kardec, o apóstolo de teus princípios, à revisão dos ensinamentos e das promessas que dirigiste ao povo, no Sermão da Montanha, e deste-nos *O evangelho segundo o espiritismo*. (Na abertura da obra *Livro da esperança*, psicografia de Francisco Cândido Xavier, 1964.)

d) Pelo médium Francisco Cândido Xavier

Um caso bem-humorado era contado pelo próprio Chico, envolvendo um estudioso da Doutrina, de Uberlândia, que tinha

[54] N. A.: CARVALHO, Vianna de. *À luz do espiritismo*. Psicografado por Divaldo P. Franco. 5. ed. Salvador: Leal, 2006.

o hábito de abrir *O evangelho segundo o espiritismo* para encontrar as orientações adequadas, sempre que sentia necessidade – uma prática comum entre muitos espíritas. Certo dia, quando se encontrava em sua chácara, uma tempestade violentíssima desabou sobre a cidade, com muitos raios e relâmpagos, assustando a todos. Um raio caiu bem próximo de onde ele e outras pessoas se encontravam, chegando a matar um gato. O homem reuniu os parentes, avisando que o pior não tinha acontecido graças à proteção dos Espíritos, e pegou *O evangelho segundo o espiritismo*, abrindo-o numa página ao acaso. A mensagem que leu começava assim: "Se fosse um homem de bem, teria morrido..." Foi o que bastou para que todos esboçassem um sorriso, apesar do clima de meditação.[55]

e) Pela médium Yvonne do Amaral Pereira

A médium Yvonne do Amaral Pereira, nascida na Vila de Santa Teresa, município de Valença, hoje cidade de Rio das Flores, no Estado do Rio de Janeiro, a 24 de dezembro de 1900, e desencarnada a 9 de março de 1984, considerava a terceira obra da Codificação Espírita, *O evangelho segundo o espiritismo*, publicada em abril de 1864, em Paris, por Allan Kardec, como um "livro tocado de magia celeste".

Nesse livro, os textos que mais a emocionavam eram os do capítulo 6, *O Cristo Consolador*, quando "as doces advertências

[55] N. A.: *Revista Espiritismo & Ciência*. v. 2. Disponível em: www.espirito.org.br/portal/publicacoes/esp.../casos-de-chico-xavier.html. Acesso em: 2 jan. 2013.

do Espírito de Verdade então como que ressoavam pelo recinto reanimando o meu ser", declara a querida médium, portadora que foi de mediunidade.

Entre os anos 1935-1936 ela viveria comovedora experiência, hospedada em um chalé na cidade fluminense de Petrópolis, conhecida como "cidade das hortênsias". Durante sua estada, passou a sentir a sua saúde alterada, com dores de cabeça e insônia. Percebe, também, influenciações geladas e contundentes, dominada por crises de choro. Fronteiro ao seu quarto de dormir existia outro, espécie de escritório, onde ela passou a ler e orar, durante as suas crises de insônia. Certa noite, à primeira hora da madrugada, casualmente abriu *O evangelho segundo o espiritismo*, no capítulo 6, *O Cristo Consolador*, lendo com todo o fervor e veneração aquelas doces comunicações do Espírito de Verdade. Em determinado momento, concentrada na leitura edificante e já sensibilizada para o intercâmbio com o mundo invisível, Yvonne vê com precisão, no soalho do sótão, um homem (Espírito) a se esvair em sangue, debatendo-se nas convulsões de uma agonia dolorosa, como quem acabara de *desfechar um tiro no próprio coração*.

Compaixão indescritível domina as emoções de Yvonne e como que se lhe avassalou um sentimento inédito de amor, de amor intenso, desconhecido ainda pelo seu coração, a favor do pobre agonizante, orando pelo suicida, oferecendo a Jesus os seus préstimos a fim de socorrê-lo, como é dever de todo médium diante de um desencarnado em aflições, afirma ela em suas memórias.

Ouve, então, na acústica da alma que deveria envolvê-lo na piedade de vibrações amorosas! Anestesiar a sua desdita com a palavra da fé e da esperança! Ampará-lo no coração com a doçura do amor materno! "A mulher médium é sempre mãe dos desgraçados!..." Sussurram aos seus ouvidos os piedosos assistentes invisíveis que a protegiam.

Informa-se, em seguida, junto aos proprietários da casa que o nome do suicida era Wilhelm (Guilherme), de nacionalidade alemã, e que ali cometera o ato infeliz havia dez anos.

Durante um ano, Yvonne dedicar-se-ia a ajudar o Espírito a despertar por meio das forças do pensamento e da vontade, fazendo especial doutrinação, quando lhe falava do seu verdadeiro estado, lecionando-lhe sobre a imortalidade da alma, sempre retornando às leituras do capítulo sexto de *O evangelho segundo o espiritismo*:

> Sou o grande médico das almas e venho trazer--vos o remédio que vos há de curar. Os fracos, os sofredores e os enfermos são os meus filhos prediletos. Venho salvá-los. Vinde, pois, a mim, vós que sofreis e vos achais oprimidos, e sereis aliviados e consolados. Não busqueis alhures a força e a consolação, pois o mundo é impotente para dá-las.

Tudo quanto havia nela de bom e de aproveitável Yvonne declara que empregava nos apelos a Jesus para que enviasse auxílio para socorrer o infeliz suicida, banhada em lágrimas, de joelhos. Ela sofria com ele, sentia o seu coração dolorido, percebendo que aquela tarefa era particularmente sua, que se tratava de um pesado testemunho de fé e resistência à tentação do suicídio, ela que gravemente infligira os códigos divinos em encarnações passadas, necessitando, assim, de reparações melindrosas no setor da assistência fraterna a companheiros de infortúnio, desencarnados por suicídio.

"Deus consola os humildes e dá força aos aflitos que lha pedem. Seu poder cobre a Terra e, por toda parte, junto de cada lágrima colocou ele um bálsamo que consola", lia Yvonne, emocionada, nas páginas imortais do *Livro-Luz.*

Mais de um ano depois, no mês de julho de 1936, a médium Yvonne Pereira deixaria o *chalé das hortênsias azuis*, após a remoção do seu pupilo pelos assistentes espirituais.[56]

f) Pelo Poder Judiciário

1) Condenado a ler *O evangelho segundo o espiritismo* (Jornal *O Trevo*, maio de 1990).

Moisés Paula Mendes, condenado a dois anos de prisão por haver falsificado a carteira de identidade de Rubens Cohen, vai cumprir a pena em liberdade, mas terá que ler atentamente *O evangelho segundo o espiritismo*. E de quatro

[56] N. A.: PEREIRA, Yvonne do Amaral. *Recordações da mediunidade*. 4. ed. Rio de Janeiro: FEB, 2010. p.121 e ss.

em quatro meses deverá comparecer ao Tribunal de Justiça para analisar os capítulos lidos.

É o que determina a sentença lavrada pelo Juiz Alexandre Herculano Varela, da 5ª Vara Criminal.

A notícia foi divulgada, com destaque, pelo *O Globo* do Rio de Janeiro. Acrescenta que o juiz indicou a livraria da Federação Espírita Brasileira (Av. Passos, 30) e afirmou que "a leitura desse livro – *O evangelho segundo o espiritismo* – deverá despertar no réu o sentimento de amor e respeito ao próximo".

O evangelho segundo o espiritismo foi editado em Paris, em 1864. E nas primeiras linhas da "Introdução", Allan Kardec explica o conteúdo do livro:

> Podem dividir-se em cinco partes as matérias contidas nos Evangelhos: os atos da vida do Cristo; os milagres, as predições, as palavras que foram tomadas pela Igreja para fundamento de seus dogmas, e o ensino moral.
>
> As quatro primeiras tem sido objeto de controvérsias; a última, porém, conservou-se constantemente inatacável. Diante desse código divino, a própria incredulidade se curva. É terreno onde todos os cultos podem reunir-se, estandarte sob o qual podem todos colocar-se, quaisquer que sejam suas crenças, porquanto jamais ele constituiu matéria das disputas religiosas, que sempre e por toda a parte se originaram das questões dogmáticas. Aliás,

> se o discutissem, nele teriam as seitas encontrado sua própria condenação visto que, na maioria, elas se agarram mais à parte mística do que à parte moral, que exige a reforma de si mesmo.
>
> Para os homens, em particular, constitui aquele código uma regra de proceder que abrange todas as circunstâncias da vida privada e da vida pública, o princípio básico de todas as relações sociais que se fundam na mais rigorosa justiça. É, finalmente, e acima de tudo, o roteiro infalível para a felicidade vindoura, o levantamento de uma ponta do véu que nos oculta a vida futura. Essa parte é que será objeto exclusivo dessa obra.

Na contracapa o título do livro tem uma explicação que vale também ser assinalada: "*O evangelho segundo o espiritismo* com as explicações das máximas morais do Cristo em concordância com o Espiritismo e suas aplicações às diversas circunstâncias da vida". (Extraído do SEI – Serviço Espírita de Informação, de 21/4/1990.)

2) Livros que contam para remição de pena em presídios (Ver artigo publicado por E. Bertoni, na *Folha de São Paulo*, em 29 de dezembro de 2016, Folha "Cotidiano").

Presídio do Estado do Piauí:

> *A moreninha*, de Joaquim Manuel de Macedo;
> *Vencendo a depressão*, de Silas Malafaia;

A divina comédia, de Dante Allighieri;
Bananas podres, de Ferreira Gullar;
Oliver Twist, de Charles Dickens;
O Cristo em nós, de João Nunes Maia;
Discurso sobre as origens..., de Jean Jacques Rousseau;
O evangelho segundo o espiritismo, de Allan Kardec;
O médico e o monstro, de Robert L. Stevenson;
As aventuras de Robin Hood, de Isabel Vieira;
Os lusíadas, de Luís Vaz de Camões.

12

O EVANGELHO SEGUNDO O ESPIRITISMO E O ESPERANTO

"Anunciar o Evangelho não é glória para mim; é uma obrigação que se me impõe. Ai de mim, se eu não anunciar o Evangelho!" – PAULO. (*I Coríntios*, 9:16.)

Foi em 1947 que a FEB publicou a 1ª edição em esperanto de *O evangelho segundo o espiritismo,* com tradução de Ismael Gomes Braga, depois de estudos da primeira e da terceira edições francesas. Após a publicação, dois médiuns receberam mensagens do Mundo Espiritual, confirmando, assim, o entusiasmo dos Espíritos pela iniciativa. *Reformador*, de dezembro de 1947, reproduziu as mensagens, ditadas em forma de sonetos, que transcrevemos abaixo:[57]

La evangelio laŭ spiritismo

(Recebida pelo médium Francisco Cândido Xavier, em 28/11/1947.)

[57] N. A.: *REFORMADOR.* ano 12, n. 65, dez. 1947, p.10(278).

Torna a beleza do Evangelho Santo
A renovar-se para o mundo inteiro,
Santificante e lúcido roteiro
À claridade excelsa do Esperanto.

É a mensagem dos filhos do Cruzeiro
Ao mundo que transborda angústia e espanto,
Estandarte sublime sacrossanto,
De verdades eternas mensageiro.

Simples, nobre, feliz, vasta e divina,
Eis que a língua dos Povos descortina
O Código da Vida, claro e puro!

Salve Brasil da Paz, augusto e grande,
De onde o Esperanto em luz se eleva e expande
Para a Glória terrestre do futuro!

CRUZ E SOUZA

Nova lumo

(Recebido pelo médium Porto Carreiro Neto, em 1º/11/1947)[58]

Nova lumo venis al la Tero,
Lumo sankta de la Sankta Dio!
Disfluiĝas tute la mistero
Sur la forto de l'Evangelio.

Nun la pordoj bronzaj de l'karcero,
Entenanta ombron de l' Nescio,
Falas brue... Restas nur polvero...
For mallumo! hela estas ĉio

Vivon novan nun ricevis vorto
De l'eterna Majstro el la forto
De la flora lingvo Esperanto.

Nun popoloj ĉiuj vidos klare,
Dion Bonan dankos, kaj grandare
Kolektiĝos por la nova kanto!

Abel Gomes[59]

Tradução literal: *"– Nova luz" – À Terra veio uma nova luz, luz santa do Santo Deus! Esvanece-se todo o mistério sob a*

[58] N. A.: WANTUIL, Zêus. *Grandes espíritas do Brasil.* (Médium Porto Carreiro Neto). 4. ed. Rio de Janeiro: FEB, 2002.

[59] N. A.: SOUZA, Cruz e (Espíritos diversos). *Parnaso de além-túmulo.* Psicografado por Francisco Cândido Xavier. 19. ed. 4. imp. Brasília: FEB, 2016.

força do Evangelho. – Agora as portas de bronze do cárcere, que guardava a sombra da Ignorância, caem ruidosamente... Só lhes resta um grão de pó... Fora as trevas! Tudo fica claro! – Da força da florescente língua Esperanto a palavra do eterno Mestre recebeu uma nova vida. – Todos os povos agora verão com clareza, agradecerão ao bom Deus, e, em grandes multidões, se reunirão para o novo canto! (Vide *Reformador* de abril de 1964, ano 82, n. 4, p. 9(79).)

Reformador, de dezembro de 1947, à página 9(277), transcreve carta de agradecimento do médium Francisco Cândido Xavier (1910-2002):

> Recebi o régio presente de LA EVANGELIO LAŬ SPIRITISMO. É uma dádiva tão sublime que a recolhi, não com os braços perecíveis do corpo, mas com as mãos da alma, por

entender-lhe a grandiosidade à frente do porvir... Agora, lutas e trabalhos. Depois, bênçãos e colheitas.

13

REFERÊNCIAS

ABREU, Canuto. *O evangelho por fora.* 1. ed. São Paulo: Edições LFU, 1996.

AMORIM, Deolindo. *Cadernos doutrinários.* 1. ed. Salvador: Círculus, 2000.

ÂNGELIS, Joanna de (Espírito). *Florações evangélicas.* Psicografado por Divaldo P. Franco. 4. ed. Salvador: Leal, 1974.

ÂNGELIS, Joanna de (Espírito). *Jesus e o evangelho à luz da psicologia profunda.* Psicografado por Divaldo P. Franco. 1. ed. Salvador: Leal, 2000.

ÂNGELIS, Joanna de (Espírito). *Rumos libertadores.* Psicografado por Divaldo P. Franco. 5. ed. Salvador: Leal, 2008.

BARBOSA, Pedro Franco. *Espiritismo básico.* 3. ed. Rio de Janeiro: FEB, 1987.

ENCICLOPÉDIA BARSA, v. 7, 8, 12 e 15, ed. 1984.

CARVALHO, Vianna de (Espírito). *À luz do espiritismo.* Psicografado por Divaldo P. Franco. 5. ed. Salvador: Leal, 2006.

CARVALHO, Vianna de (Espíritos diversos). *Crestomatia da imortalidade.* Psicografado por Divaldo P. Franco. 3. ed. Salvador: Leal, 1994.

EMMANUEL (Espírito). *Livro da esperança.* Psicografado por Francisco Cândido Xavier. 1. ed. 1. imp. Uberaba/Brasília: CEC/FEB, 2023.

EMMANUEL (Espírito). *Paulo e Estêvão.* Psicografado por Francisco Cândido Xavier. 45. ed. 19. imp. Brasília: FEB, 2021.

FRANCO, Divaldo P. *Um encontro com Jesus.* Compilado por Délcio Carlos Carvalho. 1. ed. Salvador: Leal, 2007.

HAWKING, Stephen. *Os gênios da ciência.* Rio de Janeiro: Campus-Elsevier, 2005.

JORGE, José. *Ilustrações doutrinárias.* v. 1 e 2. Rio de Janeiro: Celd, 1992 e 1996.

KARDEC, Allan. *El evangelio según el espiritismo,* 1ª e 2ª edições brasileiras do original espanhol. Rio de Janeiro: FEB, 1979 e 1988.

KARDEC, Allan. *Imitation de l'évangile selon le spiritisme, edição brasileira do original francês de 1864.* 3. ed. Rio de Janeiro: FEB, 1979.

KARDEC, Allan. *L'évangile selon le spiritisme, 2me edition de L'Union Spirite Kardeciste Belge*. Rio de Janeiro: FEB, 1958.

KARDEC, Allan. *L'évangile selon le spiritisme, edição brasileira do original francês de 1866*. 1. ed. Rio de Janeiro: FEB, 1979.

KARDEC, Allan. *O evangelho segundo o espiritismo*. Trad. Evandro Noleto Bezerra. 2. ed. 1. imp. Brasília: FEB, 2013.

KARDEC, Allan. *O evangelho segundo o espiritismo*. Trad. Guillon Ribeiro. 131. ed. 13. imp. Brasília: FEB, 2019.

KARDEC, Allan. *Obras póstumas*. Trad. Evandro Noleto Bezerra. 2. ed. 1. imp. Brasília: FEB, 2013.

KARDEC, Allan. *Obras póstumas*. Trad. Guillon Ribeiro. 41. ed. 1. imp. Rio de Janeiro: FEB, 2013.

KARDEC, Allan. *Revista espírita*: jornal de estudos psicológicos. ano 7, n. 2, p. 89, fev. 1864. Trad. Evandro Noleto Bezerra. 4. ed. 1. imp. Brasília: FEB, 2019.

KARDEC, Allan. *Revista espírita*: jornal de estudos psicológicos. ano, 8, n. 11, p. 451, nov. 1865. Trad. Evandro Noleto Bezerra. 4. ed. 1. imp. Rio de Janeiro: FEB, 2015.

LUCENA, Antônio de Souza; GODOY, Paulo Alves. *Personagens do espiritismo*. 1. ed. São Paulo: Feesp, 1982.

MIRANDA, Hermínio Corrêa de. *Anotações à edição brasileira de Imitation de l'évangile selon le spiritisme*. Rio de Janeiro: FEB, 1979.

MIRANDA, Hermínio Corrêa de. *Nas fronteiras do além*. 5. ed. impressão de pequenas tiragens. Brasília: FEB, 2023.

MOREIL, André. *Vida e obra de Allan Kardec*. Trad. Miguel Maillet. Introdução e revisão doutrinária de J. Herculano Pires. 1. ed. São Paulo: Edicel, 1986.

FEDERAÇÃO ESPÍRITA DO PARANÁ. *Expoentes da codificação espírita*. 1. ed. Curitiba, PR, 2002.

PEREIRA, Yvonne do Amaral. *Recordações da mediunidade*. 4. ed. Brasília: FEB, 2010. p. 121 ss.

REFORMADOR. Rio de Janeiro: FEB, ano 82, n. 4, abr. 1964.

REFORMADOR. Rio de Janeiro: FEB, ano 95, n. 1781, ago. 1977.

REFORMADOR. Rio de Janeiro: FEB, ano 97, n. 1803, ago. 1979.

REFORMADOR. Rio de Janeiro: FEB, ano 117, n. 2039, fev. 1999.

REFORMADOR. Rio de Janeiro: FEB, ano 117, n. 2040, mar. 1999.

REFORMADOR. Rio de Janeiro: FEB, ano 131, n. 2207, fev. 2013.

SAUSSE, Henri. *Biografia de Allan Kardec*. 1. ed. Trad. Evandro Noleto Bezerra. Brasília: FEB, 2020.

SOUZA, Cruz e (Espíritos diversos). *Parnaso de além-túmulo*. Psicografado por Francisco Cândido Xavier. 19. ed. 4. imp. Brasília: FEB, 2016.

SOUZA, Juvanir Borges de. *Tempo de renovação*. 1. ed. Rio de Janeiro: FEB, 1989.

WANTUIL, Zêus; THIESEN, Francisco. *Allan Kardec:* meticulosa pesquisa biobibliográfica. v. I, II e III, 1. ed. Rio de Janeiro: FEB, 1979.

WANTUIL, Zêus. *Grandes espíritas do Brasil*. 4. ed. Rio de Janeiro: FEB, 2002.

ÍNDICE GERAL[60]

[60] Os números arábicos isolados remetem aos capítulos. Os algarismos romanos remetem aos itens do respectivo capítulo. As letras seguidas de parênteses remetem aos itens do capítulo.

FEB editora
Livro espírita para um novo mundo
www.febeditora.com.br
@febeditoraoficial
@febeditora

Produção Editorial:
Elizabete de Jesus Moreira

Revisão:
Wagna da Silva Carvalho

Capa, Projeto Gráfico e Diagramação:
César Oliveira

Foto de Capa:
Freepik.com

Normalização Técnica:
Biblioteca de Obras Raras e Documentos Patrimoniais do Livro

Esta edição foi impressa pela Editora Vozes Ltda., Petrópolis, RJ, com tiragem de 1 mil exemplares, todos em formato fechado de 155x230 mm e com mancha de 105x180 mm. Os papéis utilizados foram o Off white bulk 58 g/m² para o miolo e o Cartão 250 g/m² para a capa. O texto principal foi composto em fonte Adobe Garamond Pro 13/19 e os títulos em Baskerville Md Bt 23/20. Impresso no Brasil. *Presita en Brazilo.*